JOSÉ MICARD TEIXEIRA

Printre adevăruri și secrete

Traducere din limba portugheză
IRINA BACIUC

Editura
SMArt

Editura SMArt

📞 **0748 317 243**
✉ **tipografiasmart@gmail.com**
🌐 **www.smartcreativ.ro**

DTP, Layout & Copertă: © SMArt, 2023

Descrierea CIP a Bibliotecii Naţionale a României
TEIXEIRA, JOSÉ MICARD
Printre adevăruri şi secrete / José Micard Teixeira;
trad. din portugheză: Irina Baciuc. - Gura Humorului:
SMArt, 2023
ISBN 978-606-8968-43-8

I. Baciuc, Irina (trad.)

821.134.3

© 2018, José Micard Teixeira

Titlul original - *Entre muitas verdades e alguns segredos*
Autor - José Micard Teixeira
Prefaţă - Irina Baciuc
Foto copertă spate – Daniel Mendonça

JOSÉ MICARD TEIXEIRA

Printre adevăruri și secrete

Prefață

José Micard Teixeira s-a născut pe 1 decembrie 1961, în Aveiro, Portugalia. A avut o carieră de succes, ajungând ca timp de aproape zece ani, să conducă din funcția de General Manager, grupul de afaceri multinațional *Sonae* cu sediul în Porto, prezent în peste 90 de țări. A urmat o schimbare majoră în mentalitatea, în stilul de viață și în parcursul său profesional, în prezent fiind autor a șapte cărți de dezvoltare personală, mentor și *Life Coach* certificat de ICC – *International Coaching Community*. Conduce sesiuni de coaching și mentorat *online* în întreaga lume. Oferă prelegeri și workshop-uri în instituții, companii și unități de învățământ din Portugalia și din restul lumii. Colaborează ca editorialist la *The Secret, Fans of Psychoanalysis* și *Human Resilience*. A acordat interviuri unor reviste și publicații online din diverswe țări, din SUA până în Rusia, din Brazilia până în România, din Suedia până în Liban. Este cunoscut la nivel internațional pentru paternitatea textului său *Já não tenho paciência* [*Nu mai am rărbdare*], tradus în engleză și publicat cu titlul *I no longer*, promovat în întreaga lume de actrița americană Meryl Streep și de către actrița și prințesa Meghan Markle. Pasiunea sa pentru scris îl face să mențină active pagini pe rețelele sociale, unde publică zilnic texte și articole de autor. Unele dintre textele sale sunt traduse în toate limbile lumii.

Cartea de față reprezintă o colecție de texte neobișnuit de inspiratoare, care îl fac pe cititor să reflecteze asupra vieții și asupra noilor perspective de a o trăi. Există în fiecare dintre texte o identificare clară cu experiențele fiecăruia și o viziune diferită și îndrăzneață asupra rezolvării multora dintre dilemele vieții. Dintre toate cărțile sale, aceasta este cea în care autorul se regăsește cel mai mult și în care este cel mai inspirat să-i ajute pe aceia care caută să găsească răspunsuri.

Irina Baciuc

Tatălui meu

*

Am ajuns într-un punct al vieții mele în care mult din ce e teorie îmi miroase a mucegai și mult din practică mă lasă indiferent. O dată cu vârsta am început să merg în întâmpinarea acelor lucruri de care înainte obișnuiam să fug. Am încetat să mai cedez șantajului de orice fel și am îndepărtat tot mobilierul care împiedica lumina să-mi pătrundă în casă. Acum nu mai am nevoie de ceea ce nu am și am încetat să-mi doresc ceea ce nu era menit să rămână cu mine. Mi-am interzis să fiu pentru ceilalți ceea ce mă face să mă mint pe mine însumi și am refuzat să-mi știrbesc libertatea pentru oricine ar fi. Deși se prea poate să fie greșit, nu renunț la ceva în care cred. Ceva în mine funcționează ca o veche mașină de scris. Ce fac, nu mai șterg.

*

Mi-am descoperit zilele trecute primele fire de păr alb. Am zâmbit și le-am aranjat între suratele lor încă negre. Dacă voi fi așa cum era tatăl meu, voi ajunge să le am pe toate albe. Asta poate să-mi dea un anume șarm pe care încă mi-e dificil să-l anticipez. Tatălui meu i-a adus un aer mai blând și i-a redus oarecum din agresivitatea privirii. Avem, sau aveam, aceiași ochi. Ai mei sunt, poate, mai deschiși, probabil pentru că zâmbesc mult mai mult decât el. Adevărul e că aveam și viziuni diferite asupra vieții. Eu mereu am fost mai rebel. Mereu am vrut să trec dincolo de previzibil și de reguli. Tatăl meu era mai precaut. Poate avea dreptate să fie așa. Nu-l critic. L-am iubit, în ciuda a tot ce a fost. Sau pentru tot ce a fost. Nu știu, dar asta mi-e de ajuns.

*

Există un moment în viață în care trebuie să te predai, să încetezi să impui, să încetezi să lupți, să încetezi să te zbați, să încetezi să cazi și să te ridici, să încetezi să gândești. Există un moment în viață când trebuie să nu-ți mai pese dacă visezi sau mănânci, dacă dormi sau respiri, dacă iubești sau suferi, dacă ai sau nu ai, dacă ești sau încetezi să mai fii într-un anume fel. Există un moment în viață în care nu trebuie să mai ceri nimic de la tine, nu trebuie să-ți mai impui nimic, chiar nimic și să iei o pauză. Ajungi la un moment în viață în care e nevoie să-ți permiți să te oprești, să rămâi în acel moment și nu altul, ci doar în acel moment precis, ca și cum doar acela ar exista și pe care să-l poți îmbrățișa, pe care să-l poți transforma în momentul tău. Există un moment în viață în care trebuie să devii conștient că și tu ești doar un moment.

*

Un vin bun are darul de a-mi îndulci gândurile. Niciodată nu am avut nevoie de alcool ca să mă eliberez sau ca să prind curaj să fac ceva anume. Niciodată nu a fost nevoie să mă îmbăt ca să spun un adevăr sau să-mi apăr o idee, cât de nebunească ar fi putut părea. Alcoolul îmi aduce, totuși, acea nepăsare necesară care să mă facă să râd de o pace iluzorie sau de o durere mută. Nu beau ca să scap. Ba dimpotrivă. Beau ca să înlesnesc felul în care aleg să rămân.

*

Am dreptate să fiu un nebun. Nimic semnificativ nu se întâmplă în viața mea dacă nu-mi dau voie să fiu un nebun. Mulți nu vor să fie așa, nici măcar să pară a fi. Vor să fie doar normali. Normalitatea mereu mi-a creat confuzie. Îmi miroase a boală contagioasă fără leac, a supunere permanentă, a

monotonie chinuitoare. Doar nebunia de a fi cinstit cu viața are
sens pentru mine. Să imit, să mă compar, să mă prefac, să repet
- nimic din acestea nu au de a face cu mine. Am fost un actor
deja prea mult timp. Detest argumentele scrise. Îmi plac tot mai
mult neprevăzutul și libertatea. E ceea ce se apropie cel mai
mult de adevărul meu.

*

Să dezbrac o femeie mă face să mă simt și mai mult al
ei. Să-i scot hainele, una câte una, mă face să simt că dacă-i
dezgolesc pielea, ar deveni a mea. Uneori îmi e de-ajuns să mă
întind gol cu ea pe pat și amândoi să închidem ochii. Intimitatea
nu întotdeauna înseamnă consumarea dorinței, ci pur și simplu
să adormim unul lângă altul, mână în mână, într-un spațiu de
timp egal cu cel care precedă sărutul. Îmi place să mă lipesc de
corpul ei de femeie ca un motan somnoros, să ating fără să
vreau cu buzele umerii ei în timp ce mă îndes mai mult spre ea,
să-i simt coapsele deasupra șoldului meu, să mă pierd în
mirosul și în respirația ei. Intimitatea nu este nimic din ce te
aștepți să fie. E întotdeauna mai mult decât atât.

*

Trecutul meu e atât de departe încât, de departe ce e,
nici nu-mi mai pare al meu. A devenit pentru mine un fel de
unchi îndepărtat, din aceia care emigrează și pe care-l văd, cel
mult, de Crăciun și vara. Pare aproape o altă viață, un ceas care
s-a stricat înainte de vreme, un papagal căruia i-au legat ciocul
ca să-l facă să tacă. Moartea tatălui meu și a fratelui m-au făcut
să mă mai întorc o data la el, să-l aduc înapoi, cu aceeași liniște
cu care iei o carte de pe raft și cauți în ea ce-ai simțit când ai
citit-o cu ani în urmă. Adevărul e că nimic nu mai e la fel. Nici
dor nu-mi este de ceea ce-mi vine în memorie. Îmi aduce doar

9

zâmbete fugare în colțurile gurii și ale ochilor. Sunt timpuri și locuri de altădată, care aparțin vremii de atunci. Trecutul meu, de departe ce e, nici nu-mi mai pare al meu. A venit și s-a dus, încă o dată. S-a strecurat prin mine ca o curiozitate sau ca un film fără cuvinte. M-a lăsat, cu toate acestea, mai împăcat, mai conștient de mine însumi.

*

Mă simt împăcat. Niciodată nu am mai simțit atâta pace în mine ca acum. Felul în care mă văd este diferit. Nimic nu mă sperie. Nimic nu mă îngrijorează. Acum nimic nu mai vreau să fac cât mai bine îmi stă în putință. Nu mai vreau să dau ceea ce nu sunt. Nu-mi mai pasă dacă dau greș. Timpul a încetat să fie timp. Am renunțat să mai vreau să câștig. Nimic nu e al meu și nu sunt al nimănui. Sunt recunoscător că nu vreau să fac altceva decât ceea ce simt să fac. Părerea celorlalți despre mine e doar a lor. A mea este cea mai importantă pentru cine sunt acum. Zâmbetul meu este singurul atestat de care am nevoie. Povestea mea se va sfârși într-o zi. Nu mă deranjează. Mă voi întoarce acasă și voi spune oricui este acolo cât de bine a fost să fiu aici.

*

Moartea provoacă o durere așa cum doar moartea o poate face. Am cunoscut de câteva ori durerea în viața mea, dar durerea după o moarte e diferită de toate durerile. Are în ea ceva de prisos, a neputință, e ca un strigăt fără ecou. Doare cu stăruința unei dureri fără sfârșit, dar cu îndărătnicia unei răni fără leac. E o durere ruptă de timp, care nu are vreo legătură nici măcar cu moartea însăși. Legătura sa e cu viața, pentru că ia o bucată din noi și ne-o aduce înapoi doar atunci când reușim să zâmbim din nou, puțin câte puțin.

*

Uneori nu e dragoste, ci dorință să fie ceva diferit.

*

Tu știi că-mi placi, pentru că mă prețuiești fără să ceri nimic, nici chiar ce știi că-ți dau fără să-mi ceri. Tu știi că-mi placi doar pentru că-mi placi și pentru am întâlnit cu tine modul cel mai surprinzător de a mă plăcea.

*

Într-o zi m-am hotărât să încep anumite lucruri de unde nu îndrăznisem niciodată să le încep și m-am trezit înțelegând adevărata importanță a fiecăruia dintre ele în viața mea. Am ales să le las în urmă pe toate cele despre care mi-am dat seama că nu mai sunt relevante și am schimbat de atunci felul în care le aleg și le numesc. Adevărul este că toată viața mea s-a schimbat și acum știu să păstrez doar ceea ce îmi mângâie sufletul, îmi ocrotește inima și mă respectă exact cum sunt. Mi-am dat seama că primesc mereu ceea ce-mi pun în intenție și sunt în pace cu mine din momentul în care am liniștea necesară pentru a face propriile alegeri, fără a fi dependent de nimeni și nici de vreo emoție instinctuală. Am făcut ceea ce trebuia făcut și acum trăiesc în fiecare zi ca și cum totul ar fi, deopotrivă, efemer și etern. A încetat să-mi mai fie frică și am început să zâmbesc în fața rezistenței și a obstacolelor. Dintr-un motiv pe care încă nu îl înțeleg pe deplin, am început să-mi simt sufletul în piept.

*

Știu că scriu cu intensitate pentru că trăiesc totul cu intensitate. A scrie intens nu înseamnă doar a scrie despre emoții și sentimente. Mai degrabă, traduce capacitatea de a le lăsa să mă trăiască, de a le permite să mă atingă până când mă

11

îngenunchează, predat vreunei dureri sau dorințe. A scrie cu intensitate este ca atunci când iubesc. Nimic nu este la fel, niciodată. Totul se schimbă când intră în inima mea. Mă întoarce complet pe dos, fără să-mi spulbere impresia că încă zbor.

*

Vârsta m-a făcut să redescopăr tihna, lipsa grabei de a ajunge sau cea de a termina ceva cât mai repede cu putință, absența dorinței de a fi într-un fel sau altul, inutilitatea nevoii de a fi cel mai bun sau cel care lasă mereu o amprentă. Timpul mi-a permis să înțeleg că graba de a ajunge m-a condamnat adesea să rătăcesc drumul sau să ajung acolo unde nu mi-am dorit niciodată să ajung. Viața m-a făcut să înțeleg că, de fapt, aproape mereu eram în întârziere, în întârziere față de mine, în întârziere să fiu și să rămân, în întârziere pentru azi. M-am schimbat. De asta sunt sigur. Ceea ce a ajuns să mă definească este nonconformismul meu, capacitatea mea de a îndrăzni să ating ce e imprevizibil și să mă aștept la ce e neașteptat. Foarte puțin mai fac în felul în care obișnuiam înainte să fac. Aproape că nu mai folosesc aceleași cuvinte și aceleași timpuri verbale. M-am schimbat, nu doar pentru că am vrut să trăiesc într-o definiție mai simplă a vieții, ci și pentru că am vrut să devin singurul stăpân al destinului meu. Ține de piele. De sânge. Ale mele, doar.

*

Am crezut mereu în puterea iubirii și în viață după moarte, în alegerile sufletului și în puterea de a decide cu inima, în posibilitatea de a muri în viață și de a renaște în moarte, în existența îngerilor, a energiei și în puterea fiecăruia asupra lui însuși, în azi, ieri și în mâine, așa cum am crezut mereu în capacitatea mea de a înfrunta ceea ce îmi aduce frică și ceea ce

12

nu ştiu, nu pentru că mă cred mai bun decât oricine altcineva, ci pentru că ziua în care voi înceta să mai fac asta, cu siguranţă nu va fi ziua în care voi fi murit, ci mai degrabă una în care îmi va fi fost din nou frică de moarte.

*

Voinţa mea este întotdeauna mai puternică decât orice cotitură. Povestea mea poate fi scrisă doar de mine şi de nimeni altcineva. De mult am încetat să mai vreau să-mi imaginez cum îmi va fi viaţa. O trăiesc fără s-o pun la îndoială. O accept aşa cum vine. Ştiu că fiecare următoare alegere pe care o fac este întotdeauna cea mai importantă. Ştiu că ea este cea care îmi va trasa calea pe care, fără să ştiu, o alesesem deja înainte de a alege. Sau poate că ştiam. Nu contează. Ceea ce contează este că acum nu mă mai uit în urmă voind a înţelege lucruri pe care nu mă mai interesează să le înţeleg. Am devenit un visător al clipelor de acum şi nu de mai târziu. Mâine nu îmi aparţine şi nici nu vreau asta. Poate doar în gânduri. Din când în când.

*

Să iubeşti din nou după ce-ai iubit este ca şi cum ai iubi pentru prima dată. Totul pare nou în timp şi în memorie. Totul capătă sensuri noi. Nimic nu are de-a face cu nimic. Totul se justifică de la sine. Înflăcărarea te face să nu te îndoieşti de nimic. Singura oprelişte vine din comparaţie. Dacă se compară două iubiri, se pierde ce este mai bun din fiecare. Dacă se caută asemănări, toată implicarea se stinge în dezamăgire. Să iubeşti e o călătorie. Să iubeşti după ce-ai iubit e un dar ceresc.

*

Tot ceea ce este adevărat, se naşte fără vreun motiv.

13

*

Ce-mi doresc e sânge în vene şi oameni din carne şi oase lângă mine. Vreau ferestre deschise şi vântul să-mi bată în faţă. Am nevoie de noi începuturi şi de zâmbete la vremea potrivită. Nu m-ar mai deranja să pierd din nou totul, pentru că întotdeauna îmi rămâne atât cât mi-e necesar ca să continui. Totul devine mai calm când încetez să-mi mai fac griji. Sunt din nou un navigator fără memorie, un rătăcitor fără teamă. Lumea-i a mea. E prioritatea mea, după mine. Dragostea, ea, îmi e stranie. Ca şi cum ar fi cuvinte cu sens, dar fără legătură. Îmi apare amestecată ca nişte piese de puzzle în cutii abia deschise, încă de construit. Doar aşa o văd încă, dar nu-mi pasă. Toate au timpul lor. Chiar şi dragostea. Chiar şi eu.

*

E curios cum am încetat să mă mai gândesc la cum se vor sfârşi lucrurile. Omul care am devenit deja se gândeşte prea puţin la ziua de mâine. Poate părea chiar prostie sau eschivare din partea mea, dar am înţeles că trăiesc mai bine dacă trăiesc acum. Mâine se poate dovedi a fi o altă viaţă. Nu ştiu şi nici nu mă interesează. Ceea ce ştiu este că atunci când trăiesc în mod conştient fiecare lucru, totul are mai multă intensitate şi uneşte cerul şi pământul în mine. Fără să mă aştept la nimic, am totul.

*

Nimeni nu evoluează fără să moară măcar o dată în viaţă.

*

Frica scurtează viaţa. Face ca timpul să se destrame cu atâta repeziciune, încât parcă nici nu ar exista. Face ca zilele să

14

se depășească una pe alta ca într-o goană fără rost. Obligă orele să se amestece între ele în marșul nebun al acelor ceasornicului. Nimic nu pare să dureze. Totul se derulează mai repede decât ar trebui. A trăi cu frică înseamnă a muri între ce e evident și lipsa abilității de a ieși din acea frică. Înseamnă a refuza dorința de a fi cine n-am crezut vreodată că putem ajunge. Înseamnă a fi nimeni pentru că nu știm să fim mai mult.

*

Există un timp când să taci și un timp când să păstrezi tăcere. Vârsta m-a făcut să înțeleg când nu trebuie să spun nimic și maturitatea mă determină să fac tot ce pot pentru a avea propriul meu timp fără cuvinte. Sunt două momente diferite, dar ele converg în capacitatea mea de a ști pe care din ele să-l aleg. Nu toate adevărurile sunt spuse în cuvinte și nu toate minciunile se ascund în tăcere. Dragostea nu întotdeauna este minciună și frica nu întotdeauna este adevăr. Am simulat dragostea uneori și am înfruntat multe dintre cele mai mari temeri ale mele. În ambele cazuri am folosit cuvinte, unele după tăcere și altele înainte de tăcere. Viața este o succesiune de cuvinte și tăceri. Nu am nicio îndoială că așa este. Ce e mai important este la care dintre ele recurg. Și pe care o folosesc. Plecând de la asta, voi trăi sau pur și simplu voi muri mai repede. Restul este doar o consecință a personalității timpului meu.

*

Îmi place casa mea fără nimeni, dar plină de mine. Am destul curaj să-mi trăiesc viața fără să vreau să fie ca a altcuiva. Spațiul meu conține speranța mea și timpul meu cât să dureze. Nu mă mai gândesc unde voi fi peste un an sau doi, sau unde voi muri și cine va fi lângă mine. Nu vreau să știu nimic despre ce se va întâmpla mâine sau anul viitor. Ascult previziunile astrologice şi zâmbesc, nu lor, ci modului în care cred că eu pot schimba toate acestea. Într-o zi, un preot texan şi prieten, mi-a spus că adevărata astrologie este în inima mea. Asta cred şi astăzi.

*

Ador să stau în compania mea. Nu mă mai sperie să stau cu mine. Acum găsesc în mine mult din ceea ce căutam la alţii de prea mult timp. Cele mai importante lucruri din viaţa mea vin întotdeauna de la mine. Am devenit un arheolog al meu însumi şi mă sap în fiecare zi, fără să ştiu cu adevărat ce caut, dar şi fără să caut să ştiu, pentru că tot ceea ce descopăr mă face să-mi placă şi mai mult cine devin. Ştiu că este important să-mi împărtăşesc viaţa cu cei pe care îi iubesc. O fac fără să mă gândesc că o fac. Este ceva natural şi simplu. Se întâmplă la fel cum iubesc. Fără să gândesc prea mult. Într-un dor stăvilit după ceea ce încă nu am trăit. Într-un zâmbet complice cu ceea ce trăiesc.

*

Trăiesc unul dintre momentele celor mai mari schimbări din viaţa mea. Poate că nu este deloc ceea ce credeam că voi experimenta în acest moment, dar ştiu că este exact ceea ce aveam nevoie să experimentez cel mai mult. Mai presus de toate, marea schimbare pe care o simt este în modul în care îmi petrec timpul. Nu mai este doar o succesiune de ore şi zile în care încerc să fiu de fiecare dată cea mai bună versiune a mea. Astăzi a devenit cu siguranţă un moment în care nu mă grăbesc să ajung nicăieri, pentru că mi-am dat seama că sunt deja acolo. Viaţa m-a făcut să înţeleg că nu ar trebui să vreau să ajung nicăieri în afară de unde sunt acum, pentru că acesta este cel mai bun mod de a trăi intens tot ceea ce ea îmi oferă. Nu este întotdeauna uşor, dar adevărul este că se poate. Am momente

16

în care mă întreb dacă această nouă perspectivă asupra timpului nu mă lasă uneori prea inert, aproape indiferent. În aceste momente, mă întreb dacă pot face ceva diferit pentru a schimba felul în care mă simt. Răspunsul pe care îl aud este întotdeauna că nu trebuie să fac nimic dacă mă simt fericit cu mine, în relația pe care o am cu lumea. Adevărul e că am înțeles cu mult timp în urmă că fericirea mea nu este în nimeni altcineva. În plus, ea nu mă așteaptă nicăieri. Fericirea mea constă în atitudinea pe care aleg să o am cu mine însumi și cu toți cei care sunt importanți pentru mine în acest moment și care fac toată diferența în viața mea.

*

Am o fantasmă mereu cu mine. Nu a venit să mă bântuie și nici măcar să mă dezorienteze. Dimpotrivă. Stă cu mine doar pentru că știu că mă place. Se simte bine în compania mea. Adevărul este că abia comunicăm. Știu că este cu mine ori de câte ori îi simt sărutul cald, persistent și tandru pe gâtul meu. Nu mă mai sperie. E un sărut pe care îl știu fără să știu de unde. Un sărut care nu-i însoțit de cuvinte. Mi-aduce liniște și pace. Mă face să zâmbesc. A devenit sărutul meu, deși nu știu cine mi-l dă. Este doar o fantasmă. A mea. Cea căreia îi place să mă sărute pe gât.

*

Tind să-mi placă oamenii care se simt singuri. Cred că, de fapt, și eu mă simt singur. Cu toate acestea, singurătatea nu mă sperie. Ceea ce mă sperie este îndepărtarea. Mi-e teamă că va veni o zi când voi vrea să scap de toată lumea și să mă refugiez într-un loc foarte îndepărtat ca să nu fiu găsit de nimeni. Sunt sigur că dacă o voi face, va fi doar din dezamăgire. Dintre toate relele, dezamăgirea este cea de care mă tem cel mai mult că mă va ucide.

17

*

Sunt anumite lucruri care au fost cândva necesare, dar care nu mai sunt azi importante pentru mine. Au avut timpul lor, însă nu s-au întâmplat, pentru că nu depindeau doar de mine. M-au frământat mult toate acestea. Am ajuns chiar să plâng uneori pentru că nu s-au întâmplat când credeam eu cel mai tare că am nevoie de ele. Am înjurat și am emis judecăți de valoare. Am luat-o razna de neputință. M-am sinucis de o mie de ori, m-am otrăvit, m-am împușcat în cap. M-am îndârjit să tac și am aruncat vina pe o jumătate din lumea aceasta pentru că există cealaltă jumătate de lume. Până la urmă, singurul lucru pe care l-am câștigat a fost o pastilă dată pe gât pentru a-mi calma durerile de cap și o baie cu apă ca gheața pentru a înțelege odată pentru totdeauna că timpul lor nu va fi niciodată și al meu atâta timp cât vreau eu să-l forțez să fie același. Fiecare lucru se întâmplă întotdeauna în mod natural, în afara oricărui timp. Chiar și al meu.

*

Nu mi-a plăcut niciodată de cineva care caută doar să-mi cunoască durerea. Asta e ceva care-mi amintește de cine am fost cu mine însumi și nu vreau să mai fiu. Ca și cum lipsește acel ceva care nu mai e la locul lui. Cine vrea să-mi știe durerea, vrea să aibă cheia de la ușa iadului meu. Vrea să dispună de inima mea. Nu este ușor să-mi protejez durerea, pentru că asta îmi cere o lipsă de memorie pe care nu o am. Îmi amintesc de fiecare durere în parte și nu mi-o pot șterge din priviri. Sunt ușor de citit, dar chiar nu-mi mai pasă. Deja reușesc să transform ceea ce mă doare în ceea ce mă face să visez.

*

Am încetat să mă simt singur când am înțeles adevărul din spatele singurătății. Am perceput totul mai limpede când am încetat să mă mai tem de ea. Am înțeles încă mai mult despre ea când am început să o accept fără furie, fără teamă. Dacă sunt singur, este pentru că trebuie să mă regăsesc în propria mea singurătate. Nu trebuie să blestem nimic din ceea ce mi se întâmplă și nu-mi place. Mai degrabă trebuie să stau și să simt ceea ce ea mă face să simt. Chiar și mai mult. Trebuie să-i fiu recunoscător singurătății, pentru că numai prin ea am acces la tristețe. Când înțeleg tristețea, sunt pregătit să deschid ușa fericirii. Când încetez să întorc spatele fericirii, în sfârșit reușesc să nu-mi găsesc scuze că sunt singur. Atât doar.

*

Pe mulți dintre noi ne-a ucis propriul trecut. Ceea ce ne doare nu-i să știm că murim, ci mai degrabă să nu acceptăm că suntem în viață. Trecutul este o cicatrice care se vindecă doar în prezent. Cine a murit în trecut, a murit de fapt înaintea lui, pentru că s-a lăsat să se complacă într-o amintire în care nu ar mai trebui să fie. Durerea există în tristețea rănilor tale și nu în amintirea a ce ai trăit. Să mori în timp ce ești în viață, oricum e mai rău decât să-ți amintești. Ai mereu senzația că nu ai plecat niciodată de acolo. De parcă ar fi o dependență a memoriei noastre. O dovadă că moartea nu mai este o imposibilitate.

*

Am scris cândva cu multă durere și tristețe. Nu am înțeles atunci din ce profunzimi îmi venea strigătul, pentru că încă nu eram conștient că am suferit aproape toată copilăria mea, nu o suferință a pierderilor, ci o suferință a lipsei. Mi-a lipsit dragostea și nu am simțit apreciere. M-am mințit singur că pot trăi fără asta. Am crezut în propriile mele minciuni ca un ajutor împotriva adevărurilor de care nu voiam să știu. Mi-am creat o viață pe lângă viața pe care nu-mi era permis s-o trăiesc. Printre secretele pe care le-am păstrat în mine, a rămas certitudinea nu a ceea ce nu am știut vreodată, ci a ceea ce am știut fără ca nimeni să mi-o fi spus. Mi-a adus în inimă durerea celor care nu s-au simțit iubiți. Nici urâți. Doar însoțiți.

*

Iubirea pe care mi-o ofer m-a salvat de mine însumi. Ce e mai bun pentru mine e întotdeauna iubirea pe care mi-o port. Nicio altă iubire nu este mai importantă. Niciun sentiment nu este mai eliberator. Dacă nu mă iubesc, nu voi ști cum să recunosc iubirea altundeva. Voi crede că am găsit-o, dar voi suferi ca s-o păstrez. Viața nu funcționează așa. Dragostea pe care o simt pentru mine are aceeași intensitate ca și cea pe care o simt pentru tot. E posibil chiar să nu fiu de acord sau să nu înțeleg. Atunci eu am o problemă, o problemă care nu mă lasă să accept că ceea ce simt este doar lipsă de iubire.

*

O gură nu-i decât o gură până când nu-i sărutată. Sărutul o transformă, o face reală, îi oferă intimitatea unui secret dezvăluit. Îmi place să sărut o gură care mi se oferă puțin câte puțin. Nu mi-a plăcut niciodată una care mi se dă imediat. Îmi plac săruturile mai lente decât tensiunea dorinței, acelea în care buzele simt ceea ce restul corpului trezește. Întotdeauna sărutul mă ispitește cel mai mult. Alipirea buzelor și prima atingere a limbii îmi risipesc teama de începuturi ori de imoralitate. Pentru o clipă, eu pe de-a-ntregul sunt păcat și generozitate. De-mi va fi îngăduit, voi vrea să mor trăind un sărut.

*

Știu suficient cât să știu ce nu vreau în viața mea. Nu tolerez lipsa de respect, minciunile și conflictele. Nu le permit celor ce ar dori-o, să mă manipuleze sau să mă umilească, nici celor care vor, să mă facă să cred că mă iubesc, fără să mă iubească. Am secrete pe care le păstrez nu pentru a nu mă expune, ci pentru a fi dezvăluite la momentul potrivit. Cred în contrarii, dar cred și în alegeri ghidate de contrarii, pentru că întotdeauna există cel puțin două moduri diferite de a privi lumea. Nu fac parte din nicio asociație, instituție sau club, pentru că nu suport regulile și nici sancționarea nerespectării lor. Aroganța mă dezgustă iar snobismul mediocru al cuiva care nu-i în stare să-și ducă lâna mă lasă rece. Nu tratez pe nimeni după titluri sau nume de familie și nu îi țin lângă mine pe cei care insistă s-o fac. Nu accept această tâmpenie de a se găsi a cui e vina, dar eu îmi asum întotdeauna responsabilitățile. De principiu, dacă mi s-ar da să aleg între a trăi cu frică sau a trăi fără iubire, l-aș trimite la naiba pe oricine m-ar pune în fața unei astfel de alegeri, pentru că sunt sătul de rahaturile filozofice ale lui pseudo cutare sau cutărescu și de conversațiile lor egocentrice și vândute.

*

Viața se schimbă cu fiecare alegere. Există o direcție în fiecare moment de ezitare. E un timp câștigat de fiecare dată când te oprești. Eu, când vreau, mă duc acolo sus, în raiul meu, și ascult ce trebuie să ascult. După aceea, mă întorc fără să mă îndoiesc de ceea ce am de făcut. Am un înger în mine. Și un demon. Și o lumină care variază ca intensitate în funcție de ochiul celui care privește. Nu mă tem. Nu mă grăbesc. Știu că sunt pe drumul bun.

*

Fac tot ce pot pentru mine, pentru că nu le pot oferi celorlalți decât ceea ce am în mine. Dacă nu știu să dansez, nu voi putea niciodată să învăț pe altcineva să danseze, nici măcar să inspir pe careva cu dansul meu. Dacă nu-mi place de mine, nu va putea să-mi placă de nimeni altcineva și din ce în ce mai mult voi avea nevoie de ceilalți, de fiecare în parte. Chiar în acest moment, sunt cine sunt, pentru ca și oricine m-ar citi, să poată fi el însuși. Dacă nu reușesc asta, atunci nu-i vorba despre mine. Are de-a face cu ceea ce unii nu sunt încă pregătiți să fie.

*

Îmi place ideea de a depăși normalitatea. Tot ceea ce e normal e cel puțin patetic, pentru că e ceea ce toată lumea acceptă ca fiind permis. Sunt total împotriva a ceea ce ni se dă voie. Întotdeauna vreau ceea ce e dincolo de ce e permis. Acolo găsesc libertatea de a-mi mărturisi fericirea. Acolo pot risca să merg mult mai departe fără să pierd timpul. Normalitatea este de fapt iluzia de a fi acceptat de ceilalți. A fi normal înseamnă de fapt a fi *doar* normal. Este pierderea bucuriei de a fi natural. Să fiu natural înseamnă să fiu autentic. Să fiu ceea ce nimeni nu vrea să fiu, pentru că le amintește de propria lor incapacitate de a fi astfel. Toți visează să fie diferiți, dar marea lor majoritate nu pot ieși din ticăloasa normalitate. Problema lor. Fiecare face propriile alegeri. Am ales să trăiesc așa cum vreau. Am fost destul de nebun să o fac. Nu am leac. Voi muri alegând ceea ce vreau.

*

Oricât de ciudat ar părea, irepetabilul m-a entuziasmat întotdeauna. Din experiență personală, ce am repetat nu mi-a ieșit niciodată la fel. Magia constă tocmai în imposibilitatea repetării. Întotdeauna se pierde sau se adaugă ceva și nimic nu rămâne la fel. Uneori repetarea ia, alteori adaugă, dar nimic nu mai rămâne cum a fost. E o absenţă a ceva de care nu mai avem nevoie şi o prezenţă a ceva care a încetat să ne deranjeze. Irepetabilul are o generozitate proprie care mă fascinează. Îmi aminteşte de adolescenţa mea. Totul se schimbă în fiecare zi, chiar şi pasiunile şi adevărurile. Totul capătă o nouă aromă, chiar şi plictiseala.

*

Aventura de a trăi e comparabilă doar cu încântarea morţii. Moartea e întoarcerea la viaţa pe care o cunosc fără să mi-o amintesc. Adevărul e că nu-mi mai este teamă să plec de când am acceptat că într-o zi voi pleca. E ca şi cum aş câştiga fără să fi pierdut vreodată. E ca şi cum aş trăi fără ca această viaţă să existe, ci o viaţă care vine după viaţă. Nimic nu mă mai sperie. Zâmbesc, pentru că mă încred în ceea ce mă aşteaptă. Ştiu că aventura continuă dincolo de momentul în care voi fi închis ochii. Ştiu că-i voi deschide şi voi recunoaşte ce era în aşteptarea mea. Nu voi vrea să fug. Voi rămâne. Mă voi îndrăgosti din nou fără să mai fie nevoie să mor.

*

Am un fel anume, doar al meu, de a face ca lucrurile să se întâmple. Nu-mi aduce nimic bun să ies din ritmul meu. Mă pierd şi sufăr. Sunt făcut dintr-un astru şi o stea. Nu m-am născut pentru anume galaxii sau constelaţii. Am propriul meu loc unde învăţ. Nu doresc să fie altfel şi nici să mă îndepărtez de ceea ce îmi vorbeşte. Chiar şi atunci când îndrăznesc să ies din locul meu, rămân doar cât mă simt suficient de binevenit încât să pot zâmbi. Ca să spun drept, nu-mi mai pasă de timp şi distanţe. Cred că sunt lucruri despre care ştiu că mi se vor întâmpla. Nu mai fug de ele, nici nu mă gândesc să mă îndepărtez. Le aştept fără să mă gândesc că aştept. Trăiesc fără să mor pentru ele în timp ce-mi văd de viaţă. Vor ajunge la mine. Ştiu. O simt. La fel de firesc cum privirea ta mă invită să nu-mi fie teamă să iubesc.

*

Să nu pot mulţumi pe toată lumea e o bucurie. Să ştiu că adevărul meu îi zdruncină pe unii, îmi dă întotdeauna un sentiment minunat. Mi-e groază de tot ce trece fără să lase o amprentă. Am nevoie de asta, să simt că şi pe mine mă răscoleşte. Viaţa fără lucruri extraordinare are ceva de moarte prematură. Nu-mi place convenţionalul sau normalul. Am nevoie de urme, de nemurire în atitudini. Când ceva nu are gust a nimic, îmi ia plăcerea de a-l trăi. Vreau viaţă cu savoare. Cu aromă.

*

Ceea ce vezi, depinde aproape întotdeauna de ceea ce cauţi. Ceea ce îţi doreşti serveşte doar să te facă să te simţi în siguranţă. Neputinţa de a realiza ceva ia puterea pe care crezi ca o ai asupra cuiva. Protecţia te îndepărtează de tine, pentru că începi să te bazezi doar pe alţii. Ceea ce trebuie să faci este să realizezi că tot ceea ce simţi în afara ta trebuie mai întâi să simţi în tine, altfel nimic nu va rămâne mai mult decât atât timp cât este necesar ca să te dezamăgească. Dacă nu, vei depinde emoţional de lucruri şi oameni care nu te vor ajuta deloc. Dimpotrivă. Vor dori doar să te facă să simţi ceea ce i-ai făcut să piardă.

*

A face dragoste înseamnă a sărbători viaţa. Îi admir pe cei care o fac fără grabă, în ritmul cald al sângelui din vene, intens, cu pricepere şi dăruire, fără timp sau ordine. Mă încântă cine o face cu hotărâre, într-un mod aproape nebunesc, aproape sălbatic, cu o supunere consimțită, cu unghii înfipte în piele, cu sudoare și gemete, într-un dans nesfârșit al demonilor și îngerilor din fiecare. Mă surprinde cine aproape că nici nu are nevoie să atingă pentru a-l simți pe celălalt, într-un dans de emoții și sentimente schimbate în tăcere, cu ochii închiși, într-o iubire făcută din suflet, doar din suflet, o iubire absolută pe care puțini au privilegiul de a o simți și experimenta. A face dragoste înseamnă a sărbători viața. Întotdeauna fără jumătăți de măsură.

*

Îmi place felul în care te ghemuiești în brațele mele când te îmbrățișez, felul delicat în care ridici capul astfel încât ochii tăi să se odihnească într-ai mei, felul frumos în care te ghemuiești din nou la pieptul meu și îmi ceri să nu încetez să te îmbrățișez. Într-o zi, mi-ai spus că iubești cu adevărat doar atunci când iubești mirosul celuilalt. În ziua aceea, nu te-am întrebat nimic. Zâmbesc doar, pentru că întotdeauna zâmbesc când sunt surprins de un gest sau de un cuvânt. Astăzi, te-am primit în brațele mele și te-am mirosit așa cum nu am mai simțit până acum. Mi-am amintit ce mi-ai spus și am zâmbit încă o dată. De data aceasta, cu ochii închiși, de parcă aș fi simțit în sfârșit un parfum care era mereu acolo. De dragoste. De piele. De tine.

*

Uneori mă simt trist fără un motiv anume. Este o tristețe care vine mereu încet, fără grabă, ca o umbră. Nu știu s-o explic sau s-o înțeleg. Știu că mă învăluie și vreau să-i dau voie să rămână . Am înțeles deja că atunci când vine așa, de nicăieri, e mai bine s-o las să se desfășoare. Treptat, încep s-o simt mai mult înlăuntrul pieptului. Sunt momente când plâng. Alele când zâmbesc. Iar altele în care mă las să adorm în tăcere.

25

Când mă trezesc, este încă acolo. Mai calmă. Mai a mea. Dar acum are un nume şi un loc. Ca tot ceea ce are sens în viaţă.

*

Gândesc din ce în ce mai puţin. Am înţeles deja de la un timp încoace că a gândi prea mult mă face să vreau să schimb ceea ce nu trebuie schimbat sau să atrag ceea ce-mi doresc cel mai puţin să trăiesc. Gândirea a devenit ceva ce fac doar atunci când e o necesitate. Am nevoie acum de foarte puţin din ceea ce vine din gânduri. Îmi place mult mai mult să simt. Când simt, mă simt mereu eliberat de dorul pentru ceea ce am gândit înainte. Mi se deschide astfel o viaţă diferită. O cale plină de lumină. Un zâmbet cum n-am mai zâmbit înainte vreodată.

*

Sunt un poet. Nu mă îndoiesc de asta. Dar sunt un poet care vrea să fie doar un poet, un om cu modestie şi sensibilitate. Faima încă mă fascinează şi mă tulbură în acelaşi timp. Mi-e teamă să nu mă rătăcesc fără să bag de seamă. Mi-e teamă să nu las să-mi scape partea cea mai frumoasă pe care mi-o poate oferi viaţa crezând că deja o trăiesc. Nu vreau să confund simplitatea cu indiferenţa. Nu vreau să amestec inspiraţia cu aroganţa de a mă simţi inspirat. Mi-e teamă de mine, dar fără teamă să încetez a fi eu însumi. Trebuie să rămân cu sufletul treaz şi cu inima lucidă. Nu vreau să mă risipesc într-un viciu. Nu vreau să devin o repetare a nimic.

*

Adevărul stigmatizat e putred. A crede din frică înseamnă a avea interes să rămâi în viaţă în mijlocul atâtora care pretind că trăiesc. A spune acelaşi lucru pe care îl susţine majoritatea înseamnă să vrei să fii acceptat, aproape întotdeauna pentru că nu ai propria părere. Să spună ce gândesc nu mulți pot. A avea o idee diferită și contrară celei a majorității înseamnă a deveni ținta preferată a frustrării și a invidiei din partea tuturor celor care afișează zâmbete false și o țin sus și tare că sunt imparțiali și corecți. A arăta adevărul negru pe alb tot mai puțini îndrăznesc s-o facă. Din ce în ce mai mult, oamenii vor să fie oameni, dar uită ce înseamnă cu adevărat să fii om. Ei nu-și amintesc că a fi om înseamnă, înainte de toate, să fii liber și să nu-ți fie frică de părerea celorlalți. Se pare că nu vor să accepte că a fi om înseamnă să-ți susții adevărul așa cum se apără diavolul fără să se teamă de ceea ce vor spune îngerii. Drept e că să fii om nu-i pentru mulți. E doar despre aceia care îngenunchează fără teama că nu știu să se roage.

*

Cine m-a îngropat, nu știa că port semințe în buzunare.

*

Fac întotdeauna ce vreau. Uneori reacționez exagerat cu cei care vor inutil să mă înfrâneze sau să mă copieze. Îmi place să mi se permită să respir adânc și să dorm până mă trezesc singur. Am o latură rebelă a cuiva care stă rar acasă și o alta căreia îi plac floricelele, canapeaua, pătura și un film bun. Contrariile mele se întâlnesc pe calea ce o străbat de la lună la soare. Sunt un scriitor cu venele și inima unui săgetător înaripat. Zbor până când zborul devine vis, pentru că nu știu să trăiesc decât între visuri și aventuri. Nu știu unde mă va duce viața și nici nu vreau deloc să știu. Cred că mi-aș pierde orice interes. Prefer să nu știu nimic. Ignoranța e și ea un mod de a iubi viața.

*

Mi-am făcut din a trăi, un viciu. Ceea ce e posibil, e prea previzibil pentru a mă încânta. Îmi place ceea ce puțini reușesc. Îmi place să îndrăznesc să fiu cine am venit aici să fiu. Nu-mi pasă deloc de părerea celorlalți, chiar și de a celor pe care îi iubesc. Sunt rezultatul a ceea ce vreau să fiu. Nu-mi ia mult să mă decid asupra unui lucru și fiecare alegere o simt în funcție de importanța ei. Nu am răbdare pentru nimic și nimeni care pretind a fi cineva dar nu sunt. Îmi place să iau viața în piept și am ajuns să am tăria să-i fac față. Sunt foarte generos cu cei care îmi permit să fiu. Nu stau mult timp atașat de cineva, decât dacă este la fel de nebun ca mine încât să îndrăznească să nu mai fie mereu la fel. Frumusețea nu mă seduce decât dacă este naturală. Îi respect pe cei care mă înțeleg, precum și pe cei care nu rezonează cu mine. Asta face parte din mine. Dau libertate și cer respect. Sunt suflet și cer adevărul.

*

Te simt. Doar atât. Ca și cum atingerea ta ar fi cea a unei noi fericiri sau sunetul numelui meu rostit în îmbrățișare ta. Te simt. Atât doar. Ca și cum lumea ta ar fi și a mea și nimic altceva nu ar mai exista în afara ei. Te simt. Nimic mai mult. Ca și cum te-aș iubi fără a avea nevoie să simt dragostea pentru a defini ceea ce simt. De fapt, e cu mult mai mult decât atât. E un simțământ dincolo de tot ceea ce simt. E despre dorințe carnale și voințe divine. Înseamnă să mă faci înger și totuși, să mă cer în brațele tale.

*

Nu întotdeauna îmi place ceva ce este ușor, dar nici nu pierd prea mult timp cu ceea ce este prea dificil. Îmi place mult mai mult felul natural în care se întâmplă lucrurile în viața mea. Felul în care le primesc este o oglindire a modului în care le caut. E ceva magnific să nu mă aștept la nimic, chiar la nimic şi să primesc totul cu un zâmbet de recunoştinţă pentru că ştiu că este ce e mai bine pentru mine în acel moment. Ştiu că de fiecare dată voi cunoaşte încă puţin din libertatea mea prin felul în care accept şi mă adaptez la toate. Mai ştiu că, pe cât sunt mai liber, pe atât sunt mai puţin înţeles. La naiba, nu caut înţelegerea nimănui. Vreau doar să fiu lăsat în pace. Să fiu respectat în felul meu de a privi spre cer.

*

Mi-ar plăcea să trăiesc o iubire care să mă facă să mor de iubire, cu toate acestea nu cred într-o iubire capabilă să omoare. O iubire adevărată nu are sfârşit şi nici nu mă sfârşeşte. O iubire adevărată ucide doar ce e inert în mine.

*

Uneori, e suficient să bei un pahar de vin, să închizi ochii, să-ţi aşezi capul în poala cuiva în care ai încredere şi să adormi fără să te gândeşti să te trezeşti. Uneori, tot ce trebuie să faci e să scrii ce nu poţi spune şi să trimiţi o scrisoare, s-o pecetluieşti cu un ultim sărut şi să pleci fără să te uiţi în urmă. Uneori, e destul să strigi mai tare decât tăcerea şi să nu aştepţi ecoul, să-ţi dai jos cămaşa şi să-o faci o pânză de catarg. Uneori, tot ce mai ai de făcut e să spui adevărul şi să înfrunţi pumnul în faţă, să te ridici de la pământ după ce te-ai prăbuşit şi să repeţi răspicat acelaşi adevăr, fără vreo teamă că va mai veni un alt pumn. Uneori, trebuie să înţelegi o dată pentru totdeauna ce înseamnă să fii liber şi să reuşeşti să evadezi din toate închisorile, să trăieşti pe socoteala ta, fără să uiţi niciodată unde te-ai născut şi ai iubit. Uneori, este destul să încetezi să mai fii şi să începi să devii tu însuţi. Uneori, ţi-a ajuns. Şi atât.

*

Îmi place tot ce reprezintă excepții. Sunt un iubitor al diferențelor, pentru că acolo mă recunosc. Normalitatea mă plictisește. Excepția mă incită. Funcționează ca o iubire interzisă, ca o amantă secretă. Mă entuziasmează să părăsesc contextul normalului și să mă aventurez în miile de ipoteze pe care mi le aduc excepțiile. Eu însumi sunt o excepție. O diferență față de trivialitate. Asta doar pentru că vreau să merg unde nu am fost niciodată, doar pentru că înnebunesc de plăcere să ajung acolo înaintea tuturor. Să învăț ceea ce încă puțini știu. Să înțeleg ceea ce în mod paradoxal pare să nu aibă nicio explicație. Literalmente, excepția transformată în acțiune. În pasiune. În lumea nebună pe care mi-o creez mie însumi.

*

Cunosc tainele timpului. Am învățat să citesc ora fiecărui lucru. Știu când să acționez și când să n-o fac. Am învățat să-mi ascult inima, pentru că ea îmi arată întotdeauna calea. Nu mai ezit. Nu mă mai sperii. Am încredere în mine, în îndrăzneala mea de a trăi. Mi-am descoperit talentul de a fi fericit. Am redescoperit tinerețea în mine. Calc pe lângă planuri și proiecții în viitor. Trăiesc fiecare zi de parcă ar fi cea de dinaintea ultimei zile, pentru că pe aceasta o păstrez ca să semnez autografe îngerilor. La ușa raiului. Când voi ajunge acolo cu cărți sub braț și un pix între buze. Zâmbitor. Fără încălțări, pentru a nu strica norii.

*

Te voi iubi mereu, orice ai face, pentru că dragostea mea nu depinde de tine, ci doar de mine. Poate că nu mă vei înțelege niciodată, dar nu este înțelegerea ta ceea ce caut. Vreau doar să simt ceea ce simt și să zâmbesc pentru ceea ce simt. Asta e ceva al meu, nu al tău. Tu nu ai nimic de-a face cu ceea ce decid eu să fac cu acest sentiment. Nu cer nimic de la tine.

Nimic nu aştept. Te iubesc, dar nu am nevoie de iubirea ta. Te iubesc, dar nu te vreau pentru mine. Te iubesc, în acelaşi fel cum respir. Ca să trăiesc.

*

Cu timpul am înţeles că trebuie să mă distanţez de unele lucruri pentru a le vedea în ansamblu, într-o nouă perspectivă. Când nu vreau să trăiesc un anumit lucru, încerc să nu mă gândesc la el şi să las viaţa să mi-l aducă dacă trebuie să-l trăiesc. Ştiu că, dacă nu-l vreau, de fapt mi-l atrag, fiindcă pentru a-l depăşi trebuie să aflu adevăratul motiv pentru care nu-l vreau. Când îl înţeleg, pur şi simplu pleacă sau rămâne în urmă. Şi asta face toată diferenţa, pentru că a trăi fără să vreau să-mi schimb lumea este acelaşi lucru cu a renunţa la curaj şi la fericire. E ca şi cum aş muri fără să ştiu dacă am fost vreodată în viaţă.

*

Vino să fii fericită cu mine. Plătesc toate cheltuielile de călătorie şi şedere. Nu-ţi promit un hotel de cinci stele, ci un sălaş confortabil, cu un şemineu frumos şi muzică bună. Promit să-ţi servesc micul dejun în fiecare zi pe balconaşul cu vedere spre unde pofteşti tu, atâta timp cât ai capacitatea de a înţelege că imaginaţia va fi întotdeauna cel mai puternic talent al nostru. Nu voi ţine alcool în casă, nu pentru că nu-mi place, ci pentru că nu vreau să ne îmbătăm decât cu dragostea celuilalt. Voi avea doar trei cărţi în cameră: una despre visuri, alta despre destine şi ultima despre secrete. Toate sunt în alb şi îmi doresc foarte mult să fim noi cei care le vom scrie, într-o limbă izvorâtă din inimile amândurora. Promit să te iubesc şi să-ţi alin pieptul ori de câte ori te-ai porni să pleci. Promit să-ţi spun cine poţi fi cu mine şi să-ţi arăt cât de mult sunt cu tine. Ştiu că vei dori să las să ardă beţişoare de tămâie şi săruri prin toată casa,

31

pentru a ne aminti de unde venim și unde mergem, dar voi vrea și lumânări arzând în cele patru colțuri ale camerei doar pentru a te vedea și a simți umbrele tale ori de câte ori îți sorb corpul într-al meu. Vino să fii fericită cu mine. Nu-ți face griji dacă nu vei reuși și vei voi să pleci. Nu-ți face griji dacă mă vei vedea plângând. Voi fi mereu în pace cu tine, doar pentru că m-ai făcut, pentru un timp, să cred iarăși în capacitatea mea de a iubi, din nou, pentru o vreme.

*

Inteligent nu e cel care are toate răspunsurile, ci acela care a renunțat să mai încerce să dea un răspuns la toate întrebările. Adevărul e că există oameni care cer de la noi mai mult decât putem oferi. Se pare că le face plăcere să ignore existența timpului și a ritmului nostru. S-ar spune că vor să ne facă să renunțăm la acea parte din noi pe care ei nici măcar nu ne mai permit s-o avem. Există un timp pentru toate, la fel cum sunt lucruri care nu ar trebui să se întâmple vreodată. A permite lipsă de respect înseamnă a oferi răspunsuri celor care nici nu mai au nevoie să ne pună întrebări. Înseamnă să ne dorim ceea ce ne omoară. Să ne îndepărtăm de puținele lucruri pe care încă le avem ca certitudini. Puținele care ne fac să ne simțim diferiți.

*

Vii din rai și îl uiți atât de ușor de fiecare dată când te plângi de ce ai și de ce nu ai. Alege să te lași emoționat de tot ceea ce știi despre viață, astfel încât să devii și mai smerit față de ceea ce încă nu știi. Nu cere nimic ca să poți fi recunoscător pentru tot ce primești. Trăiește ceea ce îți dă viața acum, ca și cum nu ar mai fi nimic altceva după asta. Fii recunoscător în fiecare moment, pentru că recunoștința îți aduce și mai multă liniște sufletească pentru ce are să vină. Învață să fii mândru de cine ești, ca astfel să te transformi într-o persoană atentă la ceea ce devine. Distrează-te ori de câte ori poți, pentru că distracția face parte din emanciparea sufletului tău. Fă-i pe ceilalți să râdă, pentru că cei care râd ascultă și se simt ascultați. Fii mai mult *yin* decât *yang*, astfel încât să simți mai ușor ceea ce te poartă spre iubire. Amintește-ți că tot ceea ce te face să visezi există deja în tine. Și amintește-ți că timpul este întotdeauna timp, dar ceea ce faci cu el va hotărî cât timp mai ai, înainte ca timpul tău să fi trecut deja.

*

Într-o zi va fi ziua în care mă voi întoarce în raiul meu. Voi fi eliberat din acest corp și voi putea să mă ridic cu un zâmbet. Într-o zi, voi lăsa durerea în urma mea și voi fi din nou ușor. Nu mi-e frică. Nu mă tem de ceea ce mă așteaptă. Știu că vin de acolo și acolo mă voi întoarce. Nu-mi amintesc de nimic, dar mereu mi-a plăcut ceea ce nu știu sau nu cunosc. Aceasta este natura mea. Talentul meu. Lecția mea. Știu că într-o zi voi dori să mă întorc aici jos, pentru că aici aflu mai multe despre cine sunt. Acolo sus, mă voi odihni între vieți. Voi zâmbi fără motiv. Voi deveni îngerul preferat al zeului meu.

*

Îmi plac cei care călătoresc fără hartă sau ceas, cei care aleg trenurile și autobuzele fără să știe încotro merg, cei care nu caută să știe unde vor dormi la noapte, cei care se aventurează să urmeze poteci și scurtături care duc spre nicăieri, cei care decid să rămână doar pentru că timpul nu mai contează, cei cărora nu le e teamă să se rătăcească sau să meargă singuri, cei care văd sfințenie în tot ce întâlnesc și simt, cei care trăiesc fără să se teamă de moarte sau de boală, cei care iubesc noutatea evitând monotonia, cei care dorm în pensiuni ieftine cu balcoane spre mare, cei care beau vin și închid ochii de plăcere după fiecare înghițitură, cei care nu pot rezista să nu guste toate mâncărurile din locurile pe care le vizitează, cei care fac dragoste fără să se gândească la ce va urma apoi, cei cărora le place să se scufunde într-o mare înspumată, cei care cântă chiar fără să aibă voce, cei care zâmbesc fără motiv, cei care au grijă de tot ceea ce intră și iese din viața lor, cei care se aleg pe sine înainte de orice altceva. Îmi plac cei care se plac pe ei înșiși. Îmi place de mine. Îmi place și gata. Pentru tot și pentru absolut nimic. Nu de parcă asta nu ar însemna nimic, ci de parcă asta ar putea fi totul.

*

Nu am nimic de dat celor care așteaptă ceva de la mine. Am încetat deja de mult să mai vreau să fac pe plac cuiva. Sunt cine sunt din respectul pe care îl am pentru mine și pentru ceilalți. Nu depășesc limitele pentru nimeni, decât dacă acele limite sunt și ale mele. Am învățat că egoismul face parte din mine, nu într-un mod nesănătos, ci într-o doză suficientă pentru a înțelege că pot să mă dau în măsura în care mă înțeleg mai întâi pe mine. A trecut ceva vreme de când nu mai citesc cărți sau nu am reușit să termin una. Mi-am dat seama că îmi este mai ușor să le scriu și să le trăiesc. Poate într-o zi voi deveni poet sau chiar scriitor. Astăzi, mă simt mai mult un compozitor de emoții. Mi-e de ajuns.

*

Îmi faci bine. Dacă nu mi-ai face bine, nu aș rămâne cu tine. Îmi faci bine pentru că mă asculți și mă lași să vorbesc. Îmi faci bine pentru că, atunci când realizezi că am terminat de vorbit, îmi atingi fața cu vârful degetelor și îmi alini tăcerea cu un zâmbet. Ai învățat să mă cunoști, nu pentru că m-am lăsat cunoscut, ci pentru că ai darul de a dezvălui cine sunt eu prin tine. De aceea mă faci să mă simt bine. Dacă nu mi-ai fi făcut bine, nu aș fi putut să ating cerul cu tine. Îmi faci bine pentru că m-ai făcut să cred că doar cei care iubesc sunt atenți la cer. Îmi faci bine pentru că m-ai îmbrățișat când am ales să am încredere în tine. Îmi faci bine, pentru că scoți tot ce e mai bun din mine, chiar și atunci când știi că mai am atât de puțin să-ți dau. Îmi faci bine pentru că mă faci să mă simt special. Îmi faci bine pentru că nu-mi promiți nimic și îmi dai atât de mult. Îmi faci bine pentru că, atunci când mă îmbrățișezi, îmbrățișarea ta este lungă și are forma corpului meu. Îmi faci bine pentru că-mi arăți că mă iubești fără să-mi ceri să te iubesc. Îmi faci bine. Dacă nu mi-ai face bine, nu aș rămâne cu tine, pentru că într-o zi mi-am promis că voi fi rămâne doar cu cineva care-mi va arăta în fiecare zi că nu vrea să mă piardă.

*

Mi s-a întâmplat să-mi fie dor de cineva pe care nu cunosc. Mi s-a întâmplat să-mi doresc mult să găsesc pe cineva care să mă oprească să-mi strig singurătatea în cele patru zări. Mi-e dor de cineva despre care mi s-a spus că ar exista. Vreau mult pe cineva care să mă vadă, chiar și fără să se uite la mine. Cineva care să danseze cu mine acolo unde nimeni altcineva nu dansează, care mă iubește acolo unde se spune că nu mai există dragoste. Vreau pe cineva care să se conecteze cu mine fără să mă deconecteze de cine sunt. O dovadă de libertate. Un gust a pasiune. O aventură fără sfârșit. Cineva căruia să-i placă să atingă stelele cu mine, să le amestece și să le împrăștie din nou pe cer. Cineva care să nu se obișnuiască vreodată cu prezența mea dar să nu suporte absența mea. Cineva care să-mi dea o viață fără moarte, o bomboană într-o cutiuță de hârtie, o imprudență, o briză și ploaie să-mi răcorească fața.

*

Prefer ce e natural, ce am în sânge.

*

Sărută-mă oriunde şi cum vrei, dar sărută-mă cu adevărat. Nu-mi da acele săruturi cu iz de sărutări înainte de somn şi nici acelea care sună a despărţire fără să pleci. Sărută-mă tu întreagă, cu limba, cu buzele, cu mâinile, cu degetele, cu sânii, cu şoldurile, cu multă imaginaţie, pasiune, senzualitate şi nebunie. Dacă nu ai de gând să mă săruţi aşa, nici nu încerca să te apropii. Un sărut are sens pentru mine doar dacă-i aşa. Trebuie să mă cutremure şi să mă facă să zbor. Trebuie să-mi aprindă stele pe cerul gurii şi să-mi umple gura cu apă din valuri înspumate. Trebuie să mă omoare de două ori fără să-mi ia viaţa nici măcar o dată.

*

Nu am nevoie de nimeni ca să fiu fericit. Oamenii intră în viaţa mea la fel de firesc precum pleacă. Nu-i ţin strâns, nici nu-i alung. Îi eliberez, aşa cum mă eliberez din a depinde de oricine pentru a-mi găsi fericirea. Acum nu mai ştiu să trăiesc altfel. Acum nu mai vreau să trăiesc altfel. Fericirea mea constă în lipsa compromisurilor şi în conştientizarea a cine vreau să fiu pentru mine însumi. Cu toate acestea, fericirea mea e mai fericită când te am cu mine, când pot să-mi aşez capul pe pieptul tău şi să închid ochii, în tăcere, cu un zâmbet pe buze şi o oboseală blândă care îmi străbate corpul. Fericirea mea devine şi mai a mea. Cu tine.

*

Felul în care zâmbesc are foarte mult de-a face cu modul în care mă respect. Sunt într-un moment al călătoriei mele în care încep să înţeleg mult mai multe despre viaţă. Pierderile recente au fost popasuri necesare şi cu rost. Tristeţea este una dintre cele mai mari enciclopedii ale mele. La fel şi dragostea. Amestecul celor două rescrie trecutul cu cerneala prezentului. În liniște. Ca un zâmbet. Anticipând bucuria. Bucuria de a trăi fără ceas sau calendar.

*

Există ceva poetic în frică. Există ceva ce inspiră în orice iubire. Există o aventură în bucuria de a merge înainte fără a privi înapoi. Sunt sigur că atunci când voi muri, voi continua să fiu, mai puțin cu tot ceea ce am fost în viață. Cred că moartea îmi va aduce tot ceea ce nu am putut fi cât am fost aici. Un fel de nouă viață din care încă nu am trăit. O posibilitate de a simți ceea ce nu am simțit, o oportunitate de a fi ceea ce am refuzat să fiu, din frică sau din dragoste. Dacă nu va fi nimic din toate acestea, cu siguranță va fi ceva care mă va face să zâmbesc, pentru că eu cred că moartea este în primul rând un zâmbet de întoarcere.

*

Dacă e să existe cineva lesne de înțeles, femeile sunt acelea. Simplitatea lor mă face să zâmbesc, și îmi place să zâmbesc, pentru că doar ceea ce este simplu merită zâmbetul meu. Cred că fiecare femeie are o latură absurd de senzuală, pe care puțini bărbați o pot trezi. Cred în corpul unei femei. Cred în dorința unei femei. Cred în sensibilitatea ei, pentru că eu însumi am o latură feminină și sensibilă, acea latură care îmi permite să le cunosc suficient de bine încât să spun că le înțeleg.

*

Prefer mai degrabă să întâlnesc decât să caut. Adevăratul sens al fiecărei întâlniri stă în întâlnirea însăși. Nu este în înainte, nici în după. Ci chiar în momentul în care se întâmplă. Doar acela și nu altul, pentru că atunci mă simt mai aproape de ceea ce nu mai trebuie să caut. Dacă aş putea să aleg, aş trăi doar din întâlniri. Ador să cunosc oameni pe care nu-i cunosc, să fiu fascinat de ceea ce încă nu ştiu despre aceia pe care nu i-am văzut încă, să exist dincolo de ceea ce mi-e obişnuit. Fiecare întâlnire marchează pentru mine un început. O nouă aventură. O lume de posibilităţi se deschide în faţa mea. Am obosit să caut fie orice ar fi. Prefer tot mai mult să aştept întâlnirile. Ele oglindesc întotdeauna ce e mai bun din mine. Şi din omul pe care-l întâlnesc.

*

Mereu găsesc în fiecare persoană un motiv pentru care să-mi placă. Nu este întotdeauna cel mai evident, dar aproape întotdeauna este ceea ce recunosc ca fiind ceva ce se află şi în mine. Poate nici să nu fie aşa, dar îl simt ca pe ceva din mine. Mă identific cu el. Zâmbesc când îl văd fără să-l văd, când îl ating fără să-l ating. Este cicatricea unei răni pe care nu am suferit-o vreodată. Este motivul fără logică ce mă face de fiecare dată să mă apropii de cineva. Dacă îl pun la îndoială, îl pierd. Dacă îl accept, începe să se scrie o poveste, o poveste numai a mea, dar acum şi cu rânduri ale altcuiva.

*

Îmi plac persoanele intense, care se dăruiesc cu pasiune, care îşi desfac buzele pentru un sărut. Am nevoie să simt nebunia lor, felul negândit în care gândesc şi fac totul, cum se simt ele mai mult decât alte persoane, doar pentru că ele cred în ceea ce simt. Îmi plac cele care se agaţă cu sufletul, îmbrăţişează cu inima, iubesc fără altă logică decât cea a voinţei. Nu am timp pentru oameni apatici, lenţi, leneşi, fricoşi, şovăitori, în care totul trebuie gândit de o mie de ori înainte să se întâmple. Nu suport strângerile de mână moi, sărutările în vânt şi cuvintele cu note de ironie şi scut. Evit oamenii care mă măsoară din ochi şi vorbesc fără să mă privească. Fug de cei care vorbesc prea mult sau critică şi judecă fără încetare. Îmi plac oamenii simpli, dar nebuni. Îmi plac oamenii nebuni, dar simpli. Am nevoie de nebunie în jurul meu. Înnebunesc fără acea nebunie cuminte care mă face să mă simt în fiecare zi mai viu ca niciodată.

*

Vreau să fiu schimbarea care mă validează mie însumi. Tot ceea ce s-a întâmplat deja în viaţa mea nu mă mai schimbă. Legătura pe care încă o mai păstrez cu trecutul meu nu face decât să întârzie şi mai mult bucuria de a trăi. Totul din mine este schimbare. Eu întreg sunt îndrăzneală. Nimic nu mă mai schimbă în felul în care o făcea înainte. Astăzi, totul este rezultatul atitudinii mele faţă de mine însumi. Nimic nu este întâmplător. Nimic nu se înfiripă din vinovăţie sau suferinţă. Totul se întâmplă pentru că e nevoie să mi se întâmple. Totul vine spre mine pentru a avea capacitatea să simt măreţia spiritului meu, acest tip de măreţie pe care o obţin atunci când renunţ la ideea că lucrurile ar putea fi mai bune sau diferite. Sunt ceea ce sunt. Trăiesc pentru mine. Sunt o fărâmă din raiul meu aici pe pământ.

*

Îmi plac cei care poartă un mic *pierce* în colţul nasului. Nu ezit nicio secundă să dau discuţiile serioase, cu oameni sobri, pe un râs în hohote cu cei care se tatuează sau îşi pun inele aproape pe fiecare deget. Abilitatea de a zâmbi a cuiva care poartă *dreadlocks* sau jumătate de cap ras mă face să mă opresc în mijlocul străzii şi al mulţimii. Îmi plac cei cărora nu le pasă de privirile amare sau de cuvintele scuipate în treacăt doar pentru că poartă haine diferite sau poartă coliere de scoici sau mărgele. Am o parte a mea care se regăseşte în diferenţă, şi nu doar o diferență, ci în diferența care este diferită de toate diferențele. Diferența care vine din bucurie.

*

Mă duc doar acolo unde sunt invitat să merg. Rămân doar acolo unde nu mă gândesc la momentul în care să plec. Așa sunt eu, cineva căruia nu-i pasă ce se crede despre el dacă nu rămâne sau dacă decide să plece și care nu dă nicio importanță la ce cred alții că ar trebui să facă sau să spună. Cei care nu mă acceptă așa cum sunt, nu îmi dau voie să aleg liber. Îmi omor și umbra dacă e nevoie, dar nu stau sub soarele celor care nu mă respectă. Sunt pagini pe care nu le voi scrie niciodată. Sunt idei pe care nu le voi transforma niciodată în adevăruri nici chiar în minciuni. Eu sunt așa, o jumătate din tot într-o alta, tot din tot. Nu este nimeni ca mine. Nici nu va exista vreodată. Sunt diferit doar pentru că refuz să sufăr așa cum suferă alții. Când sufăr, zâmbesc, nu pentru că n-ar durea, ci pentru că am un înger care mă gâdilă în palme.

*

Orice iubire care nu include nebunie, capricii, aventură, vinuri bune și sex de calitate, nu e mai mult decât o prietenie. Cine susține contrariul nu cunoaște adevăratul spirit al iubirii. M-am cam săturat de atâtea teorii și doctrine care vorbesc despre iubire la modul perfect, de parcă s-ar afla cu un nivel mai presus decât oricare dintre noi. Dragostea este un dar și nu un miracol. Dacă o atragem, este pentru că suntem pregătiți să o trăim. Problema apare atunci când nu credem în ea sau nu știm cum să o protejăm. Murim chiar înainte de a trăi. Apoi spunem că suferim din dragoste, de parcă asta ar fi posibil. Nimeni nu suferă din dragoste. Doar cei care nu înțeleg nimic despre dragoste, suferă din dragoste. Putem să ne întristăm, dar dacă suferim este pentru că ne-am golit de noi

40

înșine în acea iubire. Cine iubește, nu are nevoie de nimic altceva. Tot ceea ce primim vine în măsura în care nu așteptăm. Și a fost întotdeauna al nostru. Doar atât.

*

Sunt momente în viață când lumea ta se face foarte mică, fragilă, neputincioasă. Într-o clipită, totul pare să fi devenit ireal, ciudat și complet diferit. Vrei să vorbești, dar cuvintele nu-ți ies sau, dacă o fac, nu-ți mai par ale tale. Îți auzi altele ce-ți par străine, pe care nu credeai să le auzi vreodată și privești fără să mai vezi nimic. Ai învățat să accepți ca să schimbi, dar sunt momente în care lucrurile se schimbă imediat, într-o clipă, urmând cuvintelor. Și abia după, când lumea ta devine foarte mică, fragilă, neputincioasă, îți cad primele lacrimi, fără să vrei, de parcă ele ar vorbi pentru tine și nu ai mai vrea să auzi nicio întrebare, nici răspunsuri la ce nu ai fi vrut vreodată să trebuiască să întrebi. Când lumea ta devine prea mică, doar tu o poți face să crească din nou. Tu și cei care înțeleg cu adevărat ce înseamnă să iubești.

*

Când ajungi să te saturi de ceva, nu-l mătura din viața ta fără să înțelegi mai întâi de ce l-ai atras, altfel poți fi sigur că va reveni, chiar dacă sub altă formă sau în alt context. Când încetezi să te simți îndrăgostit de cineva, permite-i să plece fără să consideri că o parte din tine pleacă cu el. De fapt, nimic nu pleacă. Ceea ce pleacă este doar ceea ce a venit, acum știind însă mai multe despre cine a fost cât timp a stat pe aici. Când te simți lipsit de respect, ia-ți înapoi puterea pe care i-ai dat-o acelei persoane asupra vieții tale. Nu permite ca lipsa de respect să devină indiferență și să te trezești luat din locul care a fost al tău la început, de drept sau din dragoste. Când te simți inconfortabil undeva, pleacă. Fiecare clipă cât vei mai rămâne

41

acolo, nu va face decât să-ţi aducă şi mai multă suferinţă. Pleacă, şi dacă nu ai unde să te duci, pleacă oricum, pentru că în acel moment, niciun loc nu este mai rău decât acela pentru tine. Când nu poţi spune ceea ce vrei să spui, scrie. Ceea ce e scris vorbeşte mai tare şi rămâne mai mult în timp. Când nu ştii ce să spui, ascultă-ţi inima. Tot ce trebuie să înţelegi a fost mereu acolo şi te aşteaptă. Şi când crezi că nu mai ai ce face, uite-te la tine şi vezi-te încă o dată. Poate de data asta vei înţelege tot ce uitaseşi să faci.

*

Îmi place să simt lumea într-o îmbrăţişare, să nu mă obişnuiesc niciodată cu lipsa ei, să o las să treacă dincolo de dorinţa ca ea să nu se sfârşească vreodată. Îmi place să simt vântul pe buze, să-l simt de parcă aş simţi un sărut furat, proaspăt, să-l urmăresc cu privirea ca şi cum aş urmări un ecou sau un parfum. Îmi place să nu mă gândesc la nimic, să tac, să-mi aşez mâna pe piept şi să dansez în ritmul inimii. Îmi place să ştiu să zbor fără să-mi ridic picioarele de pe pământ, să bat din aripi fără să-mi mişc vreun muşchi, imaginându-mă acolo sus, alunecând în voia viselor şi a vieţii. Îmi place cine am devenit, cum mă simt astăzi, cum am lăsat scânteia mea de lumină să crească în mine şi să lumineze tot ceea ce-mi spun. Aşa sunt. Un om mare făcut din lucruri mărunte.

*

Ceea ce îmi dau eu este mult mai mare decât orice mi-ar putea oferi cineva vreodată. Ştiu că aceste cuvinte sunt greu de crezut, dar nici nu vreau să le credeţi. Adevărul este că nu vreau să credeţi nimic din ce spun. Vreau să mă combateţi şi să vă îndoiţi de cuvintele mele, să mă puneţi la zid şi să mă judecaţi, să aruncaţi cu pietre în mine şi să vorbiţi de rău despre ceea ce susţin, să mă trimiteţi la dracu dacă e nevoie, pentru că aceasta este una dintre cele mai bune forme de a fi conştienţi de cine sunteţi în acest moment. Vă iubesc. E tot ce am să vă spun.

*

Ai vrea să ai puterea să scapi de emoţii şi de această frică paralizantă de a te simţi singur. Ai vrea să ai puterea prin care să faci ca frica ta să pară în ochii celorlalţi ambiţie sau inteligenţă. Ai vrea să poţi ascunde nevoia ta enormă de iubire. Ai vrea să poţi să te simţi mai mult decât ceea ce crezi că eşti. Vrei să ai putere pentru că fără putere îţi este frică să nu cedezi pustiului care te urmăreşte ca o umbră. Lasă-mă să-ti spun ceva. Toată puterea pe care îţi impui să o ai va cere mult mai mult de la tine decât ceea ce poţi oferi. Într-o zi, vei pierde această putere. Într-o zi, va trebui să accepţi acel gol de care ai fugit de prea mult timp, pentru ca acesta să devină durerea ta de transformare. Cei care trăiesc din această putere se schimbă doar prin durere. Nu există o altă modalitate. Nu există nicio altă cale.

*

Din când în când, îmi place să dau o fugă până în cerul meu. Stau pe un nor şi dumnezeul meu vine la mine. De obicei merg acolo sus când vreau să plâng fără să mă vadă nimeni. Nu de ruşine. Vreau doar să o fac singur. Dumnezeul meu nu contează. Sunt eu, în dimensiune completă. Mâna lui se sprijină pe umărul meu în timp ce plâng. Doar atât. Nu spune nimic, decât dacă îl întreb ceva sau mă uit spre el. Uneori, tatăl meu şi fratele ni se alătură şi toţi patru plângem fără să rostim vreun cuvânt. Plânsul este limbajul nostru. Dacă e să plâng, să plâng cu ei, pentru că mă întorc mereu mai fericit după ce plâng în cerul meu.

43

Nu mai am nevoie de garanții ca să aleg o nouă cale. E nevoie doar să vreau s-o urmez. Frica de a pierde ceva nu mai are în mine același ecou pe care-l avea înainte. Astăzi, știu că nu pierd nimic și că totul se transformă. Nimic din ceea ce trăiesc nu rămâne la fel pentru totdeauna. Nimic nu rămâne cu mine mai mult decât timpul necesar cât să lase o urmă. Tot ce mai are sens pentru mine e ceea ce mă face să mă simt liber. Adevărul este că totul există în viața mea ca o rugăciune. Dacă mă face să îngenunchez în fața unui Dumnezeu despre care se spune că mă iubește, dacă mă forțează să fac ceea ce inima mea nu simte, nu mai este o rugăciune. Este doar un lucru neînsemnat în comparație cu imensitatea voinței mele.

Nu căuta răspunsuri când nu știi să pui întrebările. Ce are viața mai minunat e că de fapt nu ai niciodată nevoie de răspunsuri. Trebuie doar să crezi în ceea ce simți. Dacă nu te simți capabil să crezi în tine, vei fi mereu o repetare a ceva ce nu ești, până când oboseala te va transforma într-un disc stricat și într-o goană după vânt. Ceea ce trebuie să înveți este să te asculți pe tine însuți. Uită de maeștri spirituali, de guru, de înțelepți, dacă nimic din ceea ce spun sau scriu nu are sens pentru tine. Dacă sunt cine sunt, nu înseamnă că ei știu adevărul tău. Numai tu îl știi, pentru că doar tu îl trăiești. Doar adevărul tău este capabil să te facă să te simți liber. Doar ceea ce te face să te simți liber este suficient ca să te facă să zâmbești, fără să ai nevoie de răspunsuri. Numai și numai pentru plăcerea de a simți. Nimic altceva. Nimic mai mult.

Oamenii nu şi-au dat seama încă de inutilitatea timpului. Important este să te detaşezi, să nu depinzi emoţional de nimeni. Iubeşte, dar nu înceta să-ţi trăieşti propria viaţă. Iubeşte, dar nu te agăţa de nimeni, oricine ar fi. Detaşează-te fără să te îndepărtezi. Detaşează-te şi vulnerabilizează-te. Cu cât îţi dai voie să fii mai vulnerabil, cu atât îţi vei simţi viaţa mai intens. Poate chiar să ţi se pară o contradicţie, dar exact atunci când eşti vulnerabil ar trebui să te detaşezi cel mai mult. Dacă nu o faci, poţi foarte uşor să ajungi să-ţi fie milă de tine. Vulnerabilitatea te face să te lipseşti de aproape tot ce crezi că ai nevoie. De fapt, singurul lucru care îţi lipseşte este conectarea cu tine însuţi. Să te opreşti în tine. Să rămâi în tine. Acesta este secretul. Restul este doar timp.

*

Nu mi-e frică să mor singur. Cred chiar că e de preferat. Cred că plecarea ar trebui să fie un act solitar, o întâlnire senină cu acel moment în care inima încetează să mai vorbească şi sufletul se desprinde de corp. Nu mă sperie singurătatea, pentru că mă am pe mine. Nu ştiu dacă voi muri acasă, într-un spital, sub apă, într-un accident, rătăcit într-o pădure sau în braţele tale. Ceea ce ştiu este că vreau să mor fără să-mi rămână nimic de trăit.

*

Adevărul este că îmi place mai mult o iubire despre care încă nu ştiu dacă e iubire, iubirea în care nu există obligaţii sau condiţii, unde e de ajuns să râd şi să-ţi ating uşor braţul, unde fiecare moment este intens şi de neuitat, unde niciunul dintre noi nu a jurat încă să iubească pentru totdeauna.

*

Niciodată nu mi-au plăcut lucrurile aşa şi aşa. Par să nu trebuiască nimănui şi nici să fie bune de vreo ispravă. Se află undeva între ceea ce este şi ceea ce nu este şi aproape că n-au niciun gust. Lucrurile aşa şi aşa nu-şi au locul în viaţa mea. Îmi dau mereu senzaţia că şi eu aş fi la fel. Nimic din ele nu-mi stârneşte vreo pasiune. Cu alte cuvinte nu au nimic ieşit din comun. Iar tot ce e comun, obişnuit, are tendinţa de a trezi în mine o anumită apatie. Adevărul este că mereu m-am înţeles mai bine cu tot ce îmi stârneşte pasiune. Dacă nu mă pasionează, măcar să nu mă lase indiferent. Dacă nu mă pasionează, măcar să mă lase să descopăr în continuare acele lucruri care ar face-o. Fără pasiune, uit pentru ce am venit aici. Plec, fără să mai vreau să mă întorc.

*

Vârsta m-a învăţat să nu vorbesc atunci când cuvintele par de prisos. Sunt momente când este mai potrivit să nu spui nimic şi să priveşti pe cineva în ochi. Ochii sunt bucăţi de poveşti nespuse, visuri fără îngrădire. Ei invocă zvâcniri ale sufletului şi sângelui, chemări ale cărnii. Tulbură şi seduc, ca nişte rafale de vânt în faţă. Ei sunt tăcuţi ca respiraţia întretăiată sau ca uitarea. Când îi priveşti în tăcere, descoperi că reuşesc să dezvăluie adânci taine ale inimii, sentimente care au devenit doar respiraţie accelerată, strigăte care s-au pierdut în timpuri de iubire şi suferinţă. Există oameni ai căror ochi sunt călătorii fără destinaţie sau dată de întoarcere. Şi mai sunt şi alţii ai căror ochi se închid de teamă să nu devină mai mult decât doar ochi.

*

Nu mai vreau nimic care să dureze pentru totdeauna. Nu mai vreau să repet experienţe. Nu mai vreau nimic veşnic. Vreau doar să mă bucur de ceea ce îmi oferă viaţa chiar acum. Adevărata magie în toate nu e ceva ce va să vină, ci e clipa de

46

acum. Mâine, totul va fi cum va fi. Astăzi, totul e ceea ce este. Vreau să trăiesc fiecare moment de parcă nu ar exista mâine sau după. Am un sens doar dacă nu vreau să fiu acolo, în frunte. Dacă simt frică, o înfrunt. Dacă vreau să evadez, fac contrariul și mă bucur de alegerea de a rămâne. Dacă vreau să mă refac, îmi strâng armele și rămân acasă. Nu e nicio rușine să te oprești. E o problemă să vrei mereu să mergi prea repede.

*

Oamenii pe care ajung să-i găsesc cei mai interesanți nu întotdeauna sunt cei care mă entuziasmează imediat. Am întâlnit oameni și am descoperit cine sunt cu adevărat abia în momentul în care au rostit un cuvânt sau au făcut un gest care a devenit parte din acele momente pe care nu le voi uita niciodată. Pentru mine, deja e confirmat că ceea ce mă surprinde la prima vedere își pierde rapid din farmec. Cred că mă las prea puțin sedus. Îmi place să-mi placă de cine mă surprinde în timp, fără grabă nici amânări. Îmi place să descopăr în oameni ceea ce ochii și simțurile nu mi-au dezvăluit de la început. Mă entuziasmează să descopăr. Secretele îmi aduc un zâmbet pe buze. Cam așa sunt. Cred în ceea ce puțini îndrăznesc încă să creadă.

*

Mi-am dat seama cu adevărat ce înseamnă un compromis, abia în ziua în care am realizat că nu am făcut vreunul, pentru că singurele compromisuri care există în viața mea sunt cele în care mă simt și mai liber atunci când mi le asum.

*

Îmi place să cred în imposibil. Dacă n-ar fi aşa, probabil aş muri fără să zâmbesc suficient cât să-mi pot iubi viaţa. Am învăţat să măsor totul după lărgimea zâmbetului pe care mi-l provoacă. Când zâmbesc, mă nasc încă un pic în fiecare zi. Funcţionează precum naşterea unei iubiri. Un spaţiu în care uit de timp şi mă răsucesc pentru a vedea partea luminată a lunii. Adevărul este că nu îmi pot imagina viaţa fără imposibil. Cred că aş prefera să mor. În schimb, în cer totul este posibil. Un înger mi-a spus asta şi eu am crezut, doar pentru că mi-a spus cu zâmbetul în priviri.

*

A încetat să-mi mai fie frică de moarte din momentul în care am început să iubesc viaţa. Când mă uit înapoi şi îmi dau seama că au trecut în zbor primii cincizeci şi şase de ani de viaţă, reuşesc să rămân senin şi chiar să zâmbesc. Nu mă mai gândesc la moarte, la fel cum nu mai dedic timp pentru ceea ce este inevitabil. Cu fiecare zi ce trece, mor pentru ziua încheiată şi trăiesc pentru ziua de azi, nu ca şi cum ar fi ultima, ci ca şi cum ar fi încă o zi ca nicio alta. A încetat să-mi mai fie frică de moarte când am acceptat că e o altă viaţă. Totul există pentru a se transforma şi nimic nu rămâne la fel. Încrederea a luat locul logicii şi mi-am dat seama că până la urmă, totul are o rezolvare. Important este să trăiesc, nu în efort sau suferinţă, ci întotdeauna acolo unde cerul şi pământul se unesc înlăuntrul meu.

*

Niciodată nu am avut de pierdut atunci când am fost adevărat. Întotdeauna mi-am dorit să mă recunosc pentru ceea ce face parte din mine şi nu pentru ceea ce recunosc, din mine, în ceilalţi. Întotdeauna am ştiut că oglinzile reflectă ceea ce vreau să văd. Poate că nici nu cred, dar ceea ce văd în faţa mea este o reflexie a ceea ce vreau să cred despre mine. Au fost momente când mi-am văzut mai întâi defectele. Astăzi, îmi văd ochii. Nimic mai mult. Cred că am înțeles că în ochi trăieşte sufletul meu. Altfel spus. Ceea ce nu mai vreau să las în urmă.

*

Când vreau să-mi amintesc cine sunt, ascult muzică. Nevoia unei dovezi că exist este ca o cursă între două puncte care se depărtează continuu. Am adesea sentimentul că sunt acolo unde mă aflu, fără a fi acolo unde sunt. Mă uit la oameni şi locuri de parcă nu ar fi reale. Mă sperie. Ai spune că fug din locul din care nici măcar nu mă mişc. Capul se roteşte deasupra unui cerc de spaţiu şi timp. Fiecare secundă devine un minut, fiecare minut două. Doar sunetul muzicii mă aduce înapoi. Mă ţine strâns de realitate. Mă face să simt că aparţin de ceva. Îmi fură un zâmbet. Îmi aduce înapoi senzaţia că nimic nu este întâmplător. Îmi aminteşte încă o dată cine sunt şi cu ce treabă sunt pe aici.

*

Senzualitatea unei femei stă toată în umerii ei, în felul în care îi mişcă în timp ce merge, în felul în care îi arcuieşte înapoi când face dragoste, în felul în care pare să-i liniştească când tace. Iubesc umerii unei femei. Îmi place cum se rotunjesc în palma mea când îi cuprind, cum se înfioară înainte de a fi sărutaţi. Umerii unei femei scot la iveală toată frumuseţea zborului ei. Sunt marca cea mai intimă a corpului ei. Locul în care îmi culc capul. Unde îi aud sunetul pielii. Unde îi simt intensitatea dragostei.

*

Simt o nevoie copleşitoare să mă opresc. Nu sunt obosit sau deprimat. Pur şi simplu simt o mare dorinţă să termin ceea ce fac şi mai apoi să aleg o nouă provocare. Întotdeauna am văzut viaţa aşa. Niciodată nu am acceptat să o văd ca fiind finită şi plictisitoare. Am nevoie de aventuri cum am nevoie de schimbări. Nu pot sta mult acolo unde nu mă simt bine. Nu concep eforturi şi obligaţii, toleranţe şi pretenţii. Le spun tuturor că sunt liber şi insist să fiu aşa. Fac ceea ce cred. Poate de aceea sunt înţeles de puţini. Libertatea nu este pentru toată lumea. Este pentru cei care decid să se oprească atunci când o lume întreagă le spune să continue.

*

Nu mai ezit nici măcar o secundă când e să fac ceva, chiar de-ar părea lipsit de logică şi prematur, atâta timp cât eu simt că trebuie. Astăzi, mă aventurez mult mai mult decât înainte, pentru că nu mai gândesc atât de mult la rezultat, ci mai degrabă la bucuria momentului. Pentru mulţi, sunt un nebun, cineva care nu ar trebui să servească drept exemplu pentru nimeni. Daţi-mi voie să corectez. Nu vreau să fiu un model pentru nimeni. Vreau doar să-mi trăiesc viaţa. Punct. Dacă cineva vrea să facă la fel ca mine, să-şi asume responsabilitatea. Nu sunt aici să urmăresc nimic, nici să fiu acuzat sau lăudat pentru nimic. Nici n-apuci să-ntorci privirea, că eu nu mai sunt acolo. Sunt în drum spre următoarea aventură, spre următorul vis. Aşa cum fac întotdeauna.

*

E imposibil să existe un consens despre cine sunt eu. Unii cred că sunt generos, alţii egoist. Unii cred în mine, alţii mă numesc mincinos. Unii mă cred simplu, alţii arogant. Unora le place ce scriu, altora nici pe departe. Unii mă înţeleg, alţii cred că mă înţeleg, iar alţii nu mă vor înţelege niciodată. Dacă ar fi să mă raportez la impresia pe care o fac altora sau la judecăţile pe care ei le emit despre ceea ce spun şi fac, astăzi nu aş scrie nici măcar un rând şi cu siguranţă aş fi murit, încă viu fiind, cu mult timp în urmă. Adevărul este că, dacă aş vrea să mulţumesc pe toată lumea, aş fi prea puţin din tot ce sunt. Un cerşetor de iubire fără un loc în care să iubesc.

*

Nicio durere nu-i la fel şi nici iubirile nu pot fi asemănătoare. Să compari dureri şi iubiri este un sortilegiu pentru cei care încă le simt sau le-au pierdut definitiv. Este o lipsă de respect faţă de respectul pe care îl merită fiecare. Nu există durere fără tristeţe, nu există dragoste fără frică, aşa cum nu există inimă fără suflet sau prezent fără trecut. Chiar dacă se spune contrariul, nimeni nu ştie să trăiască fără durere, nici să supravieţuiască fără iubire. În durere ne dezvăluim şi pe dragoste vrem, fără izbândă, să ne bazăm viaţa. Durerea creează obişnuinţa cu durerea, iar dragostea naşte visuri după visuri. Nimeni nu ştie să trăiască fără vreuna din acestea. Nimeni nu pare să reuşească să trăiască fără să le simtă pe amândouă. S-o spunem pe cea dreaptă, fără durere şi dragoste, credem că suntem incapabili să trăim orice poveste demnă de a fi spusă.

*

Mi-am făcut un tatuaj pentru că am vrut să-mi gravez zâmbetul libertăţii mele pe piele. Au fost unii care m-au acuzat că vorbesc prea mult despre libertate, ca o formă de a mă convinge că sunt liber, fără să fie chiar aşa. Sunt opinii şi toţi suntem liberi să le exprimăm. Important este ceea ce simt adânc în piept. Sunt liber pentru că am învăţat să trăiesc momentul, clipa, zecimea de secundă în care încep să zâmbesc, scânteia timpului în care ating buzele înainte de un sărut, liniştea în care

51

îmi aud vocea când mă trezesc dimineața, pauza care urmează
conştientizării a cine ştiu să fiu, cu îndoieli şi ezitări, fără a uita
să-mi amintesc cum am ajuns aici, într-un merit care reuneşte
dragostea, frica şi curajul. Da, sunt liber. De asta sunt sigur.
Cealaltă certitudine a mea este că nu vreau să mai ştiu altceva.

*

Să iubeşti pe cineva este şi o demonstraţie de
animalitate. Nu iubeşti pe cineva cu adevărat fără să ai în tine
şi ceva de animal. A iubi oarecum animalic înseamnă să simţi
muşcătura pe piele ca pe un sărut. Înseamnă să apuci ca pe-o
pradă ceea ce nu va muri vreodată. Să sfâşii braţe şi picioare,
fără a lăsa urme de sânge. Este geamăt în locul cuvintelor de
dragoste. Înseamnă fire de păr lăsate ofrandă acolo unde ai iubit
intens. Înseamnă urme adânci pe cearşafuri. Înseamnă să bei ce
are gust de sete. Să-ţi placă ce nu ai gustat vreodată. Este să fii
un animal fără a înceta să fii iubire.

*

Adevărul e că nimic nu este întâmplător, pentru că tu
eşti întotdeauna cel care îşi creează şansa. Nu are rost să dai
vina pe soartă sau pe destinul tău. Ceea ce trăieşti este
întotdeauna ce e cel mai bine pentru tine. Să nu vrei să negi sau
să te ascunzi de tine. Dacă o faci, nu vei înţelege niciodată de
ce simţi ceea ce simţi. Respectă-ţi întotdeauna sentimentele şi
urmează-ţi voinţa. Lasă-te purtat de ceea ce te face să te simţi
în pace. Simte acea pace şi poart-o cu tine oriunde ai merge.
Nimic nu va mai fi ca înainte, pentru că ai înţeles că depinde de
tine cum alegi să te simţi faţă de tot ceea ce trăieşti. Dacă nu ar
fi aşa, totul ar fi la fel pentru toată lumea. Ca o fatalitate. Sau
ca un blestem. Ca o viaţă fără niciun pic de vlagă.

*

Sunt în mare parte ceea ce mi-am dorit dintotdeauna să fiu. Nu mai las oameni în viața mea care să mă submineze și să mă rănească, din simplul motiv că cel mai bun medicament este prevenirea contagiunii și a bolilor. Trăiesc din adevărul meu și am învățat să detectez minciunile celorlalți în ochii lor și în felul în care își mișcă întreg corpul. Minciuna are un miros intens de lașitate. Și lașitatea are loc în infernul unora, departe de mine.

*

Îmi place să încalc legile proprii, să depășesc ceea ce simt și cred, să trec dincolo de ceea ce știu deja, să-mi permit să pun totul la îndoială pentru a crea ceva nou, să fac reale multe dintre imposibilitățile pe care le visez, să mă lansez în provocări care transformă tot ce gândesc și simt, în aventură și nebunie de a trăi viața. Fiecare încălcare este un act divin, pentru că sunt liber să fac tot ce vreau să fac cu mine însumi. În nesupunere, am devenit cine am știut mereu că sunt, un amestec de răzvrătire și zâmbete, de felină și senzualitate, de lup și miel fără teamă de lup, de înger și demon, de dragoste și mai multă iubire, de totul și mult mai mult decât totul. Pentru totdeauna. În orice situație.

*

Astăzi te-am avut intens în gândurile mele. Să mă gândesc la tine mă face să fiu mai aproape de mine. Totul în tine este al meu. Am pus stăpânire pe tine ca și cum aș fi pus stăpânire pe ceva care întotdeauna a fost al meu, chiar înainte să te știu a mea. Să te am, îmi dă sentimentul că și eu sunt al tău. Ești a mea pentru că într-o zi m-ai lăsat să fiu al tău. Posesia este cea care ne eliberează. Apartenența este cea care ne unește, fiindcă pentru noi, să ne aparținem, înseamnă a fi unu plus unu și doi în același timp.

53

*

Am încetat să mai cer orice-ar fi de la oricine ar fi, în ziua în care am înțeles că a avea grijă de mine începe și se termină cu mine. Felul în care aleg este proporțional cu felul în care mă respect. Nu mai caut pe cineva care să mă salveze sau pe cineva care să mă învețe să zbor. Am descoperit că știu să zbor ca nimeni altcineva și am înțeles că doar eu mă pot salva. Libertatea din aceasta e făcută. E un amestec de foc în vene, de sare și piper, de lacrimi șterse cu dosul mâinii și dragoste nesfârșită. Este un râu fără maluri și un ocean fără fund. Este un alibi fără crimă și un timp în care nu ai timp să-ți fie frică. Este o viață într-o altă viață.

*

Nu sta prea mult într-un loc în care ai intrat, deja gândindu-te la momentul în care vei pleca.

*

Îmi place lumina, multă lumină, lumina răsăritului, lumina caldă a veiozei mele de pe noptieră ori de câte ori mă trezesc în toiul nopții, lumina din ochii tăi când te invit să urci cu mine, lumina strălucitoare a vitrinelor magazinelor în nopțile întunecate de iarnă, lumina unor cuvinte și râsete pe care le aud în mijlocul mulțimii, lumina clară a speranței și a curajului pe care-l simt atunci când deschid fiecare fereastră spre stradă, lumina unei nopți cu lună plină în timp ce beau fără tine un vin de dor și, mai presus de toate, lumina care vine din lumina însăși. Fără lumină, simt că sunt acolo unde nu-mi este locul. Am nevoie să o văd dincolo de unde ea mă poartă. Sunt un copil al luminii, nu doar al luminii divine, ci al luminii care-mi străbate corpul pe dinăuntru și pe dinafară, ca o lungă poveste de viață. Sunt lumină, pentru că mereu am crezut în fericirea mea. Sunt lumină, pentru că sângerez mult la fiecare durere. Sunt lumină, pentru că de mult am încetat să mai vreau să fiu întuneric.

*

Dacă aş măsura plăcerea de a trăi prin dimensiunea fragilităţii vieţii, aş rămâne în tăcere. Frica de moarte nu mă mai bântuie de când l-am văzut pe tatăl meu mort în patul lui. Faţa lui era senină şi am rugat pe cine era acolo să mă lase singur cu el. M-am aşezat pe un scaun alături de el şi i-am atins mâna. Am simţit frigul care-i cuprinsese atât de repede trupul şi am început să-i vorbesc. I-am mulţumit pentru tot, pentru binele şi mai puţin binele pe care mi l-a dat sau nu, pentru privirile care m-au speriat în copilărie şi cele care m-au mângâiat în apropierea morţii sale, pentru cuvintele aspre pe care le-a spus sau le-a tăcut în zilele în care eram împreună, pentru zâmbetele fără vlagă din zilele din urmă, pe care le-a lăsat să se ivească pe buze când mi-a cerut să mai vin şi a doua zi ca să vorbesc cu el. Ceva din toate acestea m-a făcut să fiu sigur că moartea este adevărata inspiraţie a vieţii. Trăim până vine finalul, nu pentru că se termină, ci pentru că ne-am îndeplinit rostul. Restul drumului e făcut dincolo de aici, într-o altă viaţă, într-un alt timp şi spaţiu, unde primeşti ceea ce n-ai sperat vreodată. Este un zbor călare pe un cal înaripat. O horă de îngeri care ne întâmpină în sunetul harpelor şi flautelor. Un vis devenit în sfârşit realitate. Doar atât. Totul, nimic mai mult.

*

Am acceptat deja de mult timp că totul se poate schimba, că orice se poate întâmpla, că nimic nu a venit ca să rămână la fel, că totul poate înceta să mai conteze. Am înţeles de mult timp că singurul lucru important este să pun ceea ce sunt cu adevărat în tot ceea ce experimentez acum, fără să-mi

55

fac griji pentru rezultatul final, ci doar să trăiesc experiența în sine. Toate acestea pot părea nebunești și chiar lipsite de responsabilitate din partea mea, dar de fapt nu sunt. Dimpotrivă. A trăi fiecare lucru la timpul său este o alegere doar pentru cei care creează povești, privind lucrurile din noi unghiuri. Nu viitorul contează, ci amploarea prezentului meu. Nu eu sunt cel care schimbă viața, ci viața se schimbă pentru mine pentru că eu m-am schimbat.

*

Am ajuns într-un punct al vieții mele când nu mai vreau și nici nu simt nevoia să impresionez pe nimeni. Spun ceea ce spun, fac ceea ce fac, fără să mă gândesc la ce voi provoca în ceilalți. Îi respect pe toți oamenii cu ideologiile, credințele și tendințele lor, dar nu mă opresc din a-mi spune adevărul. Cu cât viața mi se pare mai ușoară, cu atât aleg mai ușor ce vreau. Nu mai ezit nicio secundă să-mi proclam libertatea și fericirea. Sunt fericit, pentru că nici măcar nu mai iau în calcul posibilitatea de a fi nefericit. Sunt fericit, pentru că părerea altora nu mai contează pentru mine. În mijlocul a toate și a nimic, singura certitudine care-mi rămâne este că mă cunosc mai bine. Undeva, dincolo de aceasta, rămâne tot ceea ce am încetat să mai vreau să știu.

*

Fiecare are un timp potrivit ca să se distreze, dar al tău este oricând vrei tu.

*

Am darul de a scrie ceea ce tăcerea mea îmi vorbește. A fost o vreme când nu am rostit nici măcar un cuvânt. Am trăit în durerea tăcerii. Am vorbit cu ochii și nimeni nu m-a înțeles.

Nici tu, care spuneai că mă iubeşti, care ziceai că mă vezi. Spre deosebire de cuvinte, tăcerea nu are voce. Are totul.

*

S-o ia naiba de karma şi de tot. Pe bune, prea puţin mă interesează dacă am trădat, am minţit, am ucis sau am înjurat şi am de plătit pentru asta. Am un angajament faţă de viaţă, azi şi nu ieri şi cred în capacitatea mea de a alege dintre ce e mai uşor şi ce e mai bine. Nu mi-e teamă pentru faptul că n-am nicio frică de karma. Dacă Dumnezeu există, nu voi accepta să mă condamne pentru ceea ce am făcut în trecut. Dimpotrivă. Dacă nu învăţ din toate câte le fac, dacă nu am învăţat din tot ce am făcut, atunci este pentru că de fapt nu trăiesc, ci mor cât sunt încă în viaţă. Nu mă sperie când se spune că eşti condamnat să plăteşti pentru ceea ce ai făcut. Nu cred. Poate părea chiar îngâmfare, dar adevărul e că nu regret nimic. Am făcut ce am făcut şi asta e. De asta zic, s-o ia naiba de karma. Scutiţi-mă cu rahaturile astea şi lăsaţi-mă să trăiesc fără să mă tem de trecutul meu.

*

Am tendinţa de a mă izola atunci când sufăr. Prefer să rămân singur cu mine decât să vorbesc cuiva despre ceea ce simt. De obicei o fac doar după ce totul s-a terminat. Cred că mă asemăn un pic cu pisicile. Prefer să-mi ling singur rănile. Nu ştiu dacă este cel mai bine aşa, dar este ceea ce pe mine mă face să mă simt mai bine. Mă simt mai aproape de mine însumi şi mi-am dat seama cu mult timp în urmă că sunt una dintre puţinele persoane care nu mă rănesc. Adevărul este că eu prefer aşa, să fiu un pisoi care îşi linge propriile răni. Oricât de ciudat ar părea, îmi dă senzaţia că nu sunt singur.

*

Sunt nebunii care vindecă, dorințe care se transformă în adevărate minuni, momente care valorează cât o viață.

*

Când stau într-o cafenea, de vorbă cu o femeie pe care am văzut-o goală, conversația alunecă, în cele din urmă, spre ceea ce s-a întâmplat între noi. Simțul umorului în cazul celor care s-au dorit cândva și au încetat să se mai dorească, aduce mult cu lipsa lor de talent pentru adevăr. Este cumva o tăcere ca de teatru care s-a lipit de masă. Nimic nu pare să se întâmple în mod natural. E ridicol ceea ce simțim amândoi, pentru că viața pare să se reducă la momentul finalului, al scuzelor, al ofenselor și minciunilor. Niciunul nu zâmbește, nici măcar nu-și dezvelește dinții când vorbește. Există ceremonii funerare care pot fi mai distractive. Conversația este de obicei rapidă, ca și cum s-ar returna inele de logodnă sau scrisori de la un iubit care a murit. Când ne ridicăm, nici măcar nu ne mai aducem aminte de goliciunea celuilalt. Există doar dorința de a merge acolo unde dragostea are o altă culoare, un gust mai puțin amar decât tăcerea și decât toate închipuirile noastre.

*

În momentul în care am înțeles valoarea și importanța respectului pe care îl merit și mi-l datorez, nu am mai permis nimănui să aleagă pentru mine sau să mă forțeze să fiu cine nu mai vreau să fiu. Viața mea a devenit așa cum mi-o doresc cel mai mult. Nu este perfectă în ochii nimănui și nici nu va fi vreodată. Iar pentru mine acest lucru nu e deloc important. Este cea pe care o aleg în fiecare dimineață și o primesc în fiecare seară. E viața mea. Îmi place din ce în ce mai mult. De fiecare dată ajung la aceeași constatare. Sunt, cu siguranță, cel mai entuziast bărbat care există. Nu cunosc pe nimeni altcineva capabil de atâta dragoste pentru viața mea. Poate doar viața însăși pentru mine. Poate doar ea.

*

Am o atracție spre femeile pasionale, pur și simplu pentru că se îndrăgostesc nebunește de viață, de provocări, de aventură, de zâmbete la trezire, de haine scoase în grabă, de cărți de poezii de autori necunoscuți, de soare, de lună, de animalele abandonate cu ochi mieroși, de cauze imposibile și revoluții, de cafea în zilele de mahmureală, de vin roșu și lichioruri exotice din locuri pierdute pe hartă. Am o atracție către femeile nebune, pur și simplu pentru că mă târăsc spre ele și devin dependente de nebunia mea, de felul meu aparte de a trăi fără a privi înapoi, de a râde de mine însumi, de a scrie fără să urmez norme sau adevăruri, de a iubi fără să știu ce e iubirea, de a uita fără teamă să-mi reamintesc, de a da drumul celor care se agață de mine, de cum nu mă opresc din sărut până aproape nu-mi mai simt buzele, cum mă predau fără să mă pierd, cum păcătuiesc fără să vreau să fiu iertat. Am o înclinație pentru femeile nebune, pur și simplu pentru că nu știu prin ce m-ar putea atrage un alt tip de femeie.

*

Nu-mi pun speranțele în nimic, pentru că asta m-ar duce întotdeauna acolo unde nu sunt încă. Cred în viitor, dar cred mult mai mult în viitorul care se întâmplă astăzi. Angajamentele mele sunt pentru acum și niciodată pentru mai târziu. Îmi place să fiu acaparat de acest moment. Doar el există. Singura mea legătură este cu viața și cu tot ce ea îmi oferă. Sunt fiul unui Dumnezeu care mă iubește și m-a învățat să fiu recunoscător. Am sentimente despre care știu că sunt eterne, dar le experimentez doar în acest moment și nu altădată, pentru că acum le simt pulsând sub piele și în interiorul inimii

59

mele. Sunt un romantic ce se trezeşte. Un visător fără leac. Un războinic care nu are nevoie nici de sabie, nici de scut. Întotdeauna voi fi jumătatea din mine care vrea să devină cealaltă jumătate. O simbioză de dorinţe, zâmbete şi recunoştinţă. Un erou care nu are nevoie de medalii. Doar atât şi nimic altceva.

*

Ceea ce va să vină va fi ceea ce trebuie să fie. Ceea ce se întâmplă acum, este cu siguranţa ce e cel mai bine. Poate că nu este ceea ce mă aştept, dar este ceea ce am nevoie cel mai mult. Acum nu mă mai grăbesc să reuşesc nimic. Am doar un ritm care este al meu, pentru că este ritmul celor care nu se mai dau bătuţi sau nu se mai mint pe ei înşişi. Este ritmul celor care s-au eliberat de timp şi trăiesc într-o bătaie de aripi, în voia vântului, după pofta vieţii, după pofta inimii.

*

Îmi plac tot mai mult oamenii simpli, oamenii care nu trăiesc ataşaţi de nume, bani sau statut social, oamenii care mă privesc de parcă s-ar uita la ei înşişi, care zâmbesc la fel în faţa mea şi a oricui altcineva, oameni cărora le plac oamenii şi care nu au nicio problemă s-o arate, oameni cărora nu le pasă cine am fost sau am încetat să mai fiu şi cărora le place cine sunt, oameni care nu judecă sau critică, nu mint sau omit, oameni care vorbesc pe limba celorlalţi, nu pentru a le fi pe plac, ci pentru a se face înţeleşi, oameni care au încredere în oameni şi acceptă dezamăgirile ca pe nişte lecţii învăţate, oameni care râd de defectele proprii şi le transformă în provocări pentru a se schimba, dar îmi plac mai ales oamenii care şi-au acceptat deja limitările, s-au deschis către divinitatea lor şi tratează fiecare persoană care le intersectează calea ca pe cineva care are darul

60

de a-şi deschide inima către ceilalţi fără teama de a fi rănit în această luptă nesfârşită.

*

În cele mai dificile momente din viaţa ta, dacă alegi să nu cauţi nimic, vine spre tine tot ce ai nevoie cel mai mult. Nu-ţi fie frică de ziua de mâine. Rămâi în astăzi. Simte şi trăieşte ceea ce simţi. Nu-ţi fie teamă de frică, de incertitudine, de necunoscut. Trăieşte fiecare emoţie şi sentiment care te umple sau îţi arde pieptul, dar nu înceta niciodată să fii recunoscător, oricât de greu ar fi să fii. Recunoştinţa este înţelegerea faptului că experimentezi ceea ce ai atras. Poate fi dificil, chiar dureros, dar nu te du înainte pentru ceea ce nu este încă timpul şi poate nu va fi niciodată. Încearcă în fiecare moment să accepţi ceea ce a venit la tine. Vezi ce te face să simţi. Lasă ca pacea să se aşeze. Aminteşte-ţi întotdeauna că frica nu-i nimic decât frică. Doar iubirea este simptomul vindecării.

*

Când m-am trezit, nu m-am mişcat. Mi-am întors uşor capul şi m-am uitat la tine dormind. Aveai serenitatea unei femei renăscute. Un calm aşa cum au cei cărora nu le mai este teamă că nu se mai vor trezi. Un zâmbet aproape imperceptibil pe buze, unul dintre acele zâmbete pe care doar cei care iubesc le pot desena. În tăcere, cu grijă să nu te trezesc, te-am tras puţin mai aproape de mine şi am simţit căldura sânilor tăi la pieptul meu. Am zâmbit şi mi-am amintit cum am intrat ieri în cameră, cum ne-am smuls hainele şi pielea, cum ne-am iubit fără timp sau limite, cum am strigat în tăcere şi am vorbit fără cuvinte. A fost noaptea noastră, înainte de a fi a altcuiva. Dragostea a rămas împreună cu noi, în ciuda timpului în care am fost despărţiţi. Corpurile au anticipat plăcerea. S-au predat unul

61

altuia înainte de a se atinge. S-au regăsit de parcă nu s-ar fi despărțit niciodată. Într-un dans al vieții. Într-un prezent care nu s-a vrut vreodată trecut. Într-un delir al îngerilor. Într-o eternă dorință de a nu se mai despărți. De parcă ar fi unul. Sau mai mult de unul. Nu mai contează. Importante sunt zâmbetele și dragostea, pentru că reușesc să ne urce până la cer și înapoi. Nimic mai mult decât totul.

*

Nu vreau în viața mea oameni care complică ceea ce este simplu. Nu am nevoie de cineva care să creeze probleme acolo unde nu există. Am obosit din pricina atâtor oameni care mă perturbă cu nesiguranța lor. Mi se pare că vor să-mi ceară ceva ce nu sunt, doar pentru liniștea și satisfacția lor. Sunt prea liber ca să permit lanțuri sau șantaje de orice fel. Sunt prea liber ca să accept să mă supun capriciilor sau exigențelor de orice fel. Probabil puțini mă înțeleg. Poate că numai cei care sunt liberi în trup și spirit mă înțeleg. Sunt puțini. Foarte puțini. Din ce în ce mai puțini. Dar încă suficienți pentru mine.

*

Nu am timp nici răbdare pentru cineva care este prea previzibil. Previzibilitatea mă omoară și mă plictisește. Pot chiar să accept că unele lucruri sunt previzibile, dar nimic din ceea ce este așa nu ar trebui să fie lipsit de o doză generoasă de nebunie, altfel este doar ceva nesemnificativ și anost. Există oameni pentru care viața este o sumă de calcule și logici de necontestat. Le place să fie siguri de tot ceea ce trăiesc și cu ce au de-a face, de parcă viața ar fi matematică sau algebră. Viața poate avea o anumită logică, sau chiar multă, dar nu va fi niciodată viață dacă este lipsită de surprize și haos, de pahare sparte și de răbufniri, de iubiri noi și vechi, de nepotriviri și cărări niciodată străbătute, de lacrimi și zâmbete, pentru a putea fi simţit tot ce-ar mai putea lipsi şi a aduce un gust de libertate atunci când aceasta devine, în sfârşit, parte din viaţa noastră. Pentru că viaţa asta înseamnă. Un interviu permanent cu neprevăzutul. O întrebare care nu are nevoie de răspunsuri, ci doar de noi întrebări şi de noi drumuri. Ca o poveste de spus. Sau ca o carte de scris. Sau o mare dragoste de trăit.

*

Nu pot fi puţin pentru mine însumi. Puţinul miroase întotdeauna a nimic. A resturi şi firimituri. Amintiri fără istorie. Puţinul este uşor, pentru că nu cere efort. Este o promisiune fără a fi nevoie de mai mult decât atât. Este zâmbetul celor care nu zâmbesc. Este dorinţă fără voinţă. Puţinul este doar atât. Puţin. Aproape nimic. Mărunţiş. Este tot ce nu vreau pentru mine. Am nevoie de multe, să fiu mult pentru ceea ce sunt. Doar multul pe care mi-l dau mie însumi este demn de ceea ce devin. Întotdeauna vreau să-mi ofer mult pentru a-mi fi mult mie însumi. Numai când sunt mult pentru mine însumi pot fi mult pentru tine şi apoi şi mai mult cu mine însumi.

*

Nu caut să fiu faimos. Vreau doar să mă distrez. Nu aştept să ating tiraje de mii de cărţi. Vreau doar plăcerea de a scrie despre ceea ce simt şi cred. Nu am nevoie să ţin prelegeri în săli ticsite de oameni. Vreau doar să împărtăşesc adevărul meu oricui este interesat să-l asculte. Nu caut aprobarea nimănui. A mea mi-este de ajuns. Nu caut dragoste. O simt în cele mai simple lucruri pe care le întâlnesc în fiecare zi. Nu sunt în căutare de nimic. Am tot ce îmi trebuie. Am eternitatea cu mine.

*

Oricine crede că mai continuă să iubească, în ciuda faptului că a fost tratat cu lipsă de respect, de fapt, nu mai iubeşte. Suferă. Şi tot ceea ce face începând din acel moment nu este altceva decât o declarată lipsă de iubire pentru el însuşi. A iubi este o binecuvântare. A fi iubit este o stare de graţie. A accepta lipsă de respect înseamnă să nu ne mai vedem aşa cum suntem ci să ne complăcem să fim aşa cum ne face celălalt să părem. A dori să iubim pentru a fi iubiţi este acelaşi lucru cu a muri înainte de a fi ucişi. Nimic nu justifică lipsa de respect. Nimic nu poate constitui o scuză pentru a ne pune viaţa în aşteptare. Dragostea nu este niciunul dintre aceste lucruri. Dragostea este despre a simţi, chiar ceea ce nu vedem. Chiar şi ceea ce nu ştim. Chiar şi ceea ce nu aşteptăm. Cu atât mai mult ceea ce nu aşteptăm.

*

Nopţile sunt o pauză pentru mine. Mă retrag în colţul meu şi mă las vrăjit de ritualurile mele de singurătate. Degetele bat încet pe tastatura computerului şi dau viaţă cuvintelor mele. Colţul meu este numai al meu. Nu-l împart cu nimeni. Cred că toţi ar trebui să avem un loc al nostru în care să anticipăm ceea ce ne-am dorit întotdeauna să fie. Îmi place muzica în surdină, care accentuează calmul momentului meu. Am lângă mine o ceaşcă de cafea sau de ceai rece. Nu am nevoie de ea ca să mă inspire. Mă ajută mai degrabă să-mi menţin calmul şi concentrarea. Un fel de ceas deşteptător fără să numere orele. O bătaie de aripi care să-mi anime liniştea. O dorinţă tare de a nu mă lăsa toropit de somn. Un petec de cer care să nu mă lase să-mi amintesc că fiecare noapte are un sfârşit. Invariabil.

*

Nimic nu se petrece din întâmplare, mai ales atunci când întâmplarea este creată de tine.

Îmi place să-mi înmoi degetele în suflet şi să las cuvintele să se scurgă ca o sevă pe hârtie. Scrisul face parte din îndrăzneala mea de a trăi fără teamă de adevăr. Cuvintele mele sunt secrete dezvăluite despre care uneori nu ştiu nimic înainte de a le aşterne în scris. Înţeleg tot ce scriu ca pe o descărcare a cuiva care înainte nu credea că poate nici măcar să vorbească aşa cum o face acum. Am devenit meşterul meu preferat în arta emoţiilor. Un pirat care nu-şi doreşte să găsească o comoară, pentru că şi-a dat seama că cea mai mare comoară este să nu-şi dorească nimic. Sau poate să-şi dorească un singur lucru. Nebunie îndeajuns cât să nu înceteze vreodată să creeze cuvinte noi şi mereu noi moduri de a zâmbi.

Nu încerca să faci din mine cine nu sunt. Nu mă face să trăiesc ceea ce nu vreau să trăiesc. Nu mă face să merg unde nu vreau să fiu. Nu mă face să mint sau să mă cenzurez doar pentru a fi în pace. Nu accepta să încetez să te iubesc doar pentru că ţi-e atât de frică să nu mă pierzi. Nu mă face să mă simt mai puţin decât sunt şi nici mai mult decât ceea ce mă acuzi că aş fi. Dacă dragostea mea te face să suferi, ai curajul să schimbi felul în care mă iubeşti. Dacă dragostea mea nu te mulţumeşte, ai decenţa să mă eliberezi ca să plec cu o amintire bună despre tine. Dacă iubirea mea te sperie şi te înfurie, fie ca viaţa să-ţi permită să găseşti pe altcineva care să-ţi liniştească în sfârşit inima, pentru că ceea ce îmi doresc cel mai mult este să iubeşti aşa cum tu nu ai fost vreodată.

Fiecare zi e o nouă oportunitate să fac o diferenţă în viaţa mea. Cred în *karma*, dar cred mai mult în puterea pe care o am de a alege. Nu prea vreau să știu dacă cutare sau cutare situație are mai mult sau mai puțin legătură cu mine, pentru că eu sunt cel care stabilește până unde poate ajunge acea legătură. Întotdeauna simt un impuls nestăvilit de a încălca regulile, dar o fac de fiecare dată într-un mod care să nu încalce legea. De fapt, nu-mi place să urmez regulamente sau protocoale, nici să accept proceduri doar pentru că cineva le-a ales ca fiind cele mai potrivite. Sunt mai degrabă genul care improvizează și urmează ceea ce spune inima. Nu mi-a plăcut niciodată să mă pregătesc prea mult pentru ceva anume, pentru că asta creează așteptări, iar acolo unde există așteptări, există dezamăgire. Prefer să observ, pentru că a observa nu înseamnă a judeca, ci acțiunea anterioară deciziei. Se poate chiar să fiu arătat cu degetul pentru felul în care fac lucrurile, dar nu-mi pasă. Viața m-a învățat că tot ce trebuie să fac este să fiu cea mai bună versiune a mea în orice situație. Restul ipotezelor au încetat de mult să mai aibă vreo importanță pentru mine.

*

Aproape tot timpul acționăm, în mod aberant, dintr-un sentiment de lipsă. Se pare că ne dorim mereu ceea ce nu avem sau nu mai avem. Se pare că nu înțelegem că nu avem nevoie de nimic în plus față de ceea ce avem acum pentru a merge mai departe cu viața noastră. A nu fi mulțumiți cu ceea ce avem acum, înseamnă a nu lăsa să vină timpul potrivit pentru a primi. Ne luptăm să ieșim din insuficiență pentru că ne descurcăm prost cu neputința. Ceea ce nu putem schimba, ne schimbă, dar de fapt credem că ne distruge. Restul, e frica de a pierde, pentru că nu înțelegem că nu pierdem niciodată nimic, pentru că totul se transformă în ceea ce avem nevoie exact în momentul în care credem că suntem lipsiți de ceva. În ziua în care înțelegem că a trăi în starea de lipsă doar ne împiedică să acceptăm fericirea, vom zâmbi pentru că vom crede din nou în posibilitatea de a crea abundență în viața noastră.

*

Dacă renunț, înseamnă că am încetat să mai cred în ceva. Nimic mai rău nu există decât să renunț la ceva important pentru mine. Pare că o parte din ceea ce am încetat să mai fiu a ajuns să definească fiecare parte din cine sunt. Când mi se întâmplă asta, mă acuz că nu mai sunt capabil să visez, că nu sunt suficient de curajos să mă întorc și să o iau de la capăt exact de unde am rămas. Am înțeles de mult timp că nu merită. Dacă renunț, nimic nu va mai fi la fel, nici chiar momentul în care am renunțat. Dacă renunț, trebuie să fiu pregătit pentru ceva diferit. Schimbarea nu-mi mai permite să mă întorc, ci să construiesc un nou început. Diferența constă în felul în care privesc fiecare lucru. Dacă aștept ceva, atunci voi renunța din nou. Dacă nu mă aștept la nimic, nici măcar nu voi ști ce înseamnă renunțarea.

*

Într-un timp am vrut să fug de umbra mea în timp ce soarele era sus pe cer. Am trăit deja cu frica de a-mi plăcea, ca să nu ajung să depind. Am căutat să mă pierd, dar fără să pierd din vedere să mă regăsesc. Am trecut prin frica de a nu înnebuni. Astăzi, nu pot fără nebunia mea de a trăi. Îmi pare că am început să trăiesc mai multe vieți într-una. Sau una singură împărțită în mai multe. Poate părea același lucru, dar nu este. Pentru mine, întregul nu este suma părților. Întregul înseamnă prezența a tot și absența a nimic în fiecare dintre părți. Înseamnă intensitate. Înseamnă înțelegere. Înseamnă detașare. Înseamnă să nu mai vreau să fug de umbra mea, chiar și în zilele în care soarele insistă să nu se arate.

*

Când începi să atragi dragostea adevărată în viaţa ta, ea este deja în tine. Dacă vine cu dispută, gelozie, lipsă de respect, înseamnă că nu este dragoste adevărată, ci o nevoie bolnavă şi deghizată în dragoste. Dragostea adevărată este simplă, uşoară şi te face să zâmbeşti. Este ca tine. Recunoaşte-o aşa cum ai învăţat să te recunoşti în diferenţa de a fi tu însuţi. Este o durere care nu doare. Este o frică care nu te înfrânează. Este totul şi mai mult decât atât. Este lumina ta ce te face să plângi lacrimi pe care ar fi trebuit să le plângi cu mult timp în urmă, de vechi tristeţi. Eşti tu, care te iubeşti şi mai mult prin cel care te iubeşte. Simplu, aşa cum vezi. Şi încă mai simplu.

*

Am nevoie de lucruri care să vină să mă atingă pe dinăuntru, de parcă ar fi făcut cândva parte din mine. Nu suport banalitatea lucrurilor previzibile, cu ore de sosire şi plecare stabilite. Îmi place nu ce-mi rămâne în memorie, ci mai degrabă sub piele, aproape de inimă. Apăsarea densă a anumitor lucruri mă lasă fără capacitatea, pe care o iubesc atât de mult, de a zâmbi. Am nevoie de schimbare de parcă viaţa mea ar depinde mai mult de aceasta decât de ea însăşi. Îmi place să ajungă să mă pasioneze ceva ce nu am văzut sau nu mi-am imaginat vreodată, tot aşa cum stau doar acolo unde mă simt binevenit şi liber. Nu vreau lângă mine pe cineva care îmi vorbeşte despre lucruri imposibile şi obligaţii. Aproape întotdeauna prefer singurătatea, mulţimii. M-am născut aşa. Scriu pentru mulţi ceea ce puţini simt, nu pentru că nu sunt în stare, ci pentru că nu cred, ca mine, în ceea ce îi mişcă pe dinăuntru.

*

Nu reuşesc să simt milă pentru cineva. Cred că mila m-ar face să mă simt mai bun sau mai puternic decât aceia. Ce pot face este să-i înţeleg şi să le permit să fie aşa cum sunt. Nu mai am nimic altceva de făcut. Sunt pe deplin conştient că fiecare trebuie să trăiască ceea ce îşi doreşte să trăiască, chiar dacă o astfel de alegere îi aduce suferinţă şi durere. Libertatea este unul dintre cele mai mari privilegii pe care ni le-a acordat viaţa. Unii o cunosc. Alţii o ignoră. Adevărul este că doar prin ea putem realiza ceea ce am venit aici să facem cu adevărat. Nu există nici o altă formă. Toate celelalte moduri sunt doar scuze pe care le inventăm pentru a nu opri timpul sau pentru a nu găsi timp să ne oprim.

*

Cineva mi-a spus că, deşi cred că nu am iubit încă niciodată, adevărul este că iubesc deja fără să ştiu că iubesc. M-au surprins aceste cuvinte, pentru că dragostea a fost întotdeauna ceva dintr-o altă lume pentru mine. Nu am simţit-o când eram mic, nici măcar în adolescenţă. Întotdeauna mi-a fost greu să cred în oamenii care îmi spuneau că mă iubesc. Suna ca o minciună. Ca ceva ciudat. Ca o aiureală tipică femeilor visătoare. Dar am acceptat. Nu am stat să analizez ceea ce mi s-a părut întotdeauna îndepărtat şi poate care nu-mi era predestinat. Am lăsat lucrurile să continue aşa, nu ştiu dacă din frică, dacă din neîncredere. Poate că am greşit toată viaţa. Poate că într-adevăr iubesc. Poate că eu însumi sunt iubirea pe care nu am căutat-o niciodată. Nu ştiu multe despre multe lucruri, dar cred că astăzi ştiu ce este iubirea. O simt în mine. La fel cum simt mirosul mării cu ochii închişi. Sau sunetul unei inimi care bate mai repede. Pentru că şi eu mă iubesc.

*

Adevărul este că prea puţin îmi pasă dacă există viaţă după moarte sau dacă m-am născut după ce am trăit o altă viaţă. Ceea ce contează pentru mine este să trăiesc această viaţă ca şi cum nu mai există alta. Când zic că nu-mi pasă, nu înseamnă că nu cred. Înseamnă mai degrabă că nu-mi place să trăiesc gândindu-mă la ceea ce am fost sau ce voi fi. Important este cum mă simt în legătură cu cine sunt şi cu ce fac. Am încetat să mai trăiesc de parcă mi-ar mai fi rămas doar o singură cale. Sunt pregătit să primesc tot ceea ce viaţa are să-mi ofere şi inima mea mă ghidează. Doar îmbinând acestea două, devin unic. Şi în bine şi în rău.

*

Tot ceea ce trăieşti are legătură cu alegerile pe care le faci. Întreaga ta viaţă este rezultatul a cum şi când le faci. Dacă îi acorzi cuiva puterea, devii, în consecinţă, ceea ce vor alţii pentru tine. Aminteşte-ţi că sunt rari oamenii nefericiţi care acceptă fericirea în jurul lor şi că smerenia este mai rară decât iubirea însăşi. Alege tu, chiar dacă alegi fără să ştii dacă alegi ce este mai bine pentru tine. Când alegi, trăieşti. Când trăieşti pentru tine, în sfârşit eşti capabil să înveţi ceva despre tine prin ceilalţi şi nu doar să-i imiţi sau să le faci pe plac. Dacă nu faci aşa, vei ajunge singur în mijlocul altora tot singuri, prinşi în rutină şi durere. De parcă rutina şi durerea ar fi ceva natural. Făcute pentru cine ai ales să fii, fără să ştii că ai fi putut fi diferit. Sau cel puţin, mai puţin la fel.

*

Marea dificultate a oamenilor este să se dăruiască fără a se goli de ei înşişi. Astăzi, dăruim prea mult din noi înşine şi ne lăsăm prea lesne dezbrăcaţi de cine suntem. Ne pierdem identitatea atunci când vrem să le-o dăm altora. Ne pierdem dragostea, oferind-o celor care nu ştiu să o preţuiască. Ajungem goliţi de atâta dăruire şi pierduţi de ceea ce ne aparţine. Cert este că trebuie să dăm, fără ca actul de a dărui să ne facă mai săraci de noi înşine. Cine se dăruieşte şi se consumă în dăruire,

70

pierde tot ce este mai bun din sine, ceea ce nu se dă niciodată nimănui, ceea ce este doar împărtăşit, fără a ne fi furat.

*

Fără pasiune, dragostea riscă să devină doar o necesitate.

*

Încrederea nu este ceva ce se cere, ci ceva ce e presupus să existe. A rămâne acolo unde nu există încredere înseamnă a trăda spiritul liber, entuziasmul de a trăi. Totul începe cu încrederea pe care o am în mine. Am încredere în alegerile mele, în atitudinea mea, în drumul meu, în viaţa mea. Sunt optimist din fire şi de mult am învăţat să fiu aşa. Văd partea pozitivă în toate, pentru că în toate există ceva ce are legătură cu transformările mele. Nu mă mai pot da luxului de a rămâne în urmă. Sunt mereu în prima mea linie. Vreau să fiu acolo când începe totul. Vreau să fiu acolo când totul se transformă în ceea ce iubesc.

*

Uneori mă întreb dacă fratele meu este cu adevărat alături de tatăl meu, dacă el la rândul său este împreună cu părinţii lui, dacă această poveste a sufletelor şi a vieţilor viitoare nu este doar un adevăr pe care am decis să-l accept pentru a înfrunta ideea stranie a despărţirilor pentru totdeauna. Nu mi-e greu doar când mă gândesc că nu-i voi mai vedea. Mi-e mult mai greu gândindu-mă ca nu cumva să trăiesc în iluzie. Tot aşa, este adevărat că dacă viitorul este neant, nu voi putea să-l văd sau să-l simt, pentru că nimicul este absenţa a tot. Ideea că doar când voi ajunge acolo voi putea afla, echilibrează balanţa imaginară din inima mea şi mă face să

71

zâmbesc din nou. Mă simt pe dinăuntru ca un ignorant, mulțumit că are acces doar să citească titlurile de pe coperțile cărților.

*

Fii în toate fără teamă, altfel viața ta va fi doar o analiză monotonă și deprimantă a reflexiei tale în oglindă. Dacă nu îndrăznești, pierzi chiar înainte de a încerca. Îndrăzneala are ceva profetic, pentru că te face să crezi în cufere cu comori și recompense de la zei. Adevărul este că cei neînfricați nu au religie sau doctrine, ci mai degrabă multă credință în ei înșiși și în ceea ce cred. A fi îndrăzneț îți face viața o aventură, devii cineva care înțelege că tot ceea ce există are întotdeauna un amestec de aventură și binecuvântare care așteaptă să fie experimentat. Fii încrezător și nu cere mai mult decât ți se oferă. Știi bine că ceea ce ai este suficient cât să înveți că nu poți avea totul sau să faci totul în același timp. Cu toate acestea, nimic nu te împiedică să crezi că poți face diferit, în felul tău. Când nu ai teamă, nu ai nevoie de nimic altceva pentru a crea ceea ce ești deja făcut să fii, pentru că ai înțeles de mult că ceea ce riști dezvăluie ceea ce prețuiești cu adevărat. Fii îndrăzneț și nu ezita de fiecare dată când trebuie să alegi o nouă direcție sau un alt moment. Adevărul este că nu contează unde mergi, fiindcă va fi, cu certitudine, mai departe decât ai crezut vreodată că vei merge.

*

Astăzi m-am trezit cu dorința să te sărut. Mi-a fost dor de textura și căldura buzelor tale pe corpul meu. Mi-a lipsit zâmbetul pe care mi l-ai așternut pe față când mi-ai murmurat numele pentru a mă trezi din moleșeala ca de după beție. Buzele tale îmi mușcă imaginația. Cuvintele tale îmi sărută dorința. Pielea ta mă frige fără pic de milă pentru nebunia mea. Astăzi

m-am trezit aşa, nebun de dorinţa să te sărut. M-am simţit
neliniştit şi am inspirat căutând în nări parfumul tău. Absenţa
sărutului tău mi-a amintit că sunt singur. M-am sufocat de atâta
tensiune. M-am atins şi nu te-am simţit. M-am privit şi tu nu
erai. Nevoia de sărutul tău m-a ucis fără să-mi ia viaţa. E ca un
glonţ care nu a fost tras niciodată. O otravă neingerată. Un
secret nerostit. Astăzi m-am trezit aşa, nebun de dorinţă să te
sărut.

*

Sunt zile în care oamenii mă obosesc. Nu mai suport
conversaţiile lor fără sens sau minciunile lor fără noimă, crude
chiar. Sunt zile în care oamenii mă obosesc cu lamentările lor
şi cu discuţiile de lift. M-am săturat de vorbărie de rahat, de
pălăvrăgeală, de discuţii de şanţ. Mi se pare că toţi vorbesc
despre acelaşi lucru. Adevărul este că nu mai pot pierde vremea
să-i ascult vorbind de rău despre ceilalţi, făcând presupuneri şi
judecând fără a cunoaşte cauzele sau chiar efectele, aruncând
acuzaţii inutile asupra unor situaţii pe care nu le cunosc mai
mult decât capătul măruntaielor lor. Sunt zile în care aroganţa
oamenilor mă oboseşte. Nu-i mai simt alături de mine. Se luptă
pentru putere, seducţie, interes, bunuri, chiar generozitate.
Adevărul este că majoritatea oamenilor nici măcar nu ştiu ce
este adevărata generozitate. Dacă ar şti, nu m-ar obosi atât de
mult. Nici măcar pe ei înşişi.

*

Dacă-ţi iubeşti viaţa, până şi diavolul te respectă.

*

De o vreme nu-mi mai doresc ca lucrurile să se
întâmple mai repede sau cu o anumită limită de timp. Nu mă

73

mai las purtat de ambiție sau de planuri de nimic. Poate părea o nebunie, dar nu mai vreau să știu rezultatul a nimic sau să mă gândesc la rezultate sau obiective. Am devenit o persoană a ritmurilor, o persoană care înaintează și se retrage în ritmul inimii și al sufletului său. Ritmul meu este dat de busola și de harta vieții mele. Sunt și rămân doar acolo unde găsesc ritmul care mă definește și mă face să zâmbesc. Nu mai vreau cu mine ceea ce nu mă face să vibrez pe dinăuntru sau nu-mi dă fiori. Din ce în ce mai mult, gândesc mai puțin. Din ce în ce mai mult, mă las să merg în ritmul meu, în sentimentul că nimic nu este mai important decât să rămân în acel echilibru, în certitudinea că tot ce am nevoie este cu mine chiar acum, în această secundă, în acest dans imposibil de fi egalat de nimeni altcineva. E al meu. Doar al meu. Are propria sa viață. Are viața mea înăuntru.

*

A găsi iubirea vieții noastre anticipează însăși viața. Atinge un cer aproape necunoscut de atât de bine cunoscut ce ne este. Înseamnă să zâmbim fără a mai vrea să tăcem zâmbetul. Este înțelegerea a ceea ce nu ni s-a explicat niciodată înainte. E să ne dăruim cuiva într-un mod care ne duce acolo înainte chiar de a ne porni. Înseamnă dăruirea trupului, nu ca și cum ar fi prima dată, ci ca și cum ar fi unica oară. Este îmbrățișare fără să-ți fie frică să mori în acel moment. Este a iubi fără să ne fie garantat nimic și nimeni, pentru că a iubi este doar atât. Este să găsești iubirea vieții tale și să nu mai ai trecut sau viitor. Este a fi prizonieri într-un timp care ne eliberează, un timp în care nimic nu ne mai obligă la nimic. O perioadă în care dragostea ne privește, în sfârșit, în ochi.

*

În numele meu, scriu cuvinte care mă marchează. Îmi doresc din ce în ce mai mult să dau viață a ceea ce simt. Vreau să-mi apar mie însumi așa cum nu m-am mai văzut până acum. Cuvintele nu-mi mai aparțin din momentul în care le aștern pe foaie, din momentul în care le pun cap la cap pentru a da sens la tot ceea ce fac. Am luat de multă vreme decizia că vreau să scap de toate ceasurile deșteptătoare. Scriu fără timp și fără să mă gândesc că ar putea fi prea târziu. Așa fac eu diferența. În acest fel, îmi construiesc modul foarte personal de a scrie despre ceea ce simt, dar și despre ceea ce am încetat să mai simt. De multe ori spre surprinderea mea. Alteori, pentru ca să nu-mi pun niciodată la îndoială scrisul.

*

Sunt complice cu tot ceea ce implică libertate. Sunt un pasionat de tot ceea ce respiră libertate. Uneori libertatea mea are pământ, alteori are cer. Iar alteori, nu are decât un zâmbet. Adevărul este că îmi iubesc libertatea și nu renunț la ea pentru nimic și nimeni. Știu deja de mult că dacă nu sunt liber, mor, fiind încă în viață. Mă împiedic în propriile picioare dorind să alerg și-mi mușc limba în încercarea de a vorbi limba altora. A fi liber nu este un drept. Trebuie să fie în primul rând o alegere. Prima.

*

Am avut o vreme când îmi era foarte frică să nu greșesc ori nu cumva să nu reușesc. Mi-a fost teamă să îndrăznesc și să risc în schimbare. Au trecut mulți ani fără să ascult ce mi-a cerut sufletul. Dacă mi-ar fi fost dat atunci să aleg între a trăi și a fugi, aș fi ales întotdeauna o cale de mijloc. Frica m-a făcut orb la detalii. Visele m-au speriat mai mult decât viața însăși. Pasiunea a fost doar un cuvânt pe care am refuzat să-l folosesc. Îmi era teamă de orice m-ar fi făcut să întorc iute privirea sau să alerg mai repede. Nu credeam în miracole, nici în magie sau speranță. Fiecare zi era un mic infern. Nimic nu avea sens sau

75

nu însemna cu adevărat ceva pentru mine. Eram sătul să ascult teorii şi cuvinte de încurajare. Singurul lucru pe care mi-l doream cu adevărat era să vină noaptea. Să dorm, nici ca să trăiesc, dar nici să mor.

*

Tot ce înţeleg, accept. Tot ce nu înţeleg, las să curgă, chiar fără să ştiu sau măcar să-mi imaginez unde mă duce. Există magie în a avea încredere în viaţă. Există binecuvântări în a mă lăsa purtat în voia ofrandelor ei cele mai intime. Schimbările care presupun cele mai mari detaşări pe care viaţa mi le propune sunt cele care provoacă cea mai mare furie şi rezistenţă celor din jur. Pentru mulţi oameni, o schimbare trebuie să urmeze un plan şi un timp anume. Schimbările mele, deja de mult timp încoace, sunt făcute fără planuri sau termene. Ele pur şi simplu se întâmplă din momentul în care mă las vrăjit de gustul propriei regăsiri, fără a mă căuta. Se întâmplă pentru că aleg să spun nu altora, pentru a-mi spune da mie însumi. Se întâmplă pentru că sunt momente în viaţă când aleg să nu mă mai gândesc la alţii, doar pentru ca, gândindu-mă la mine, să le dau şi altora posibilitatea de a se gândi la ei înşişi.

*

Doamne, vreau să-Ţi mulţumesc că mă laşi să fiu cine sunt, că nu mă forţezi să fac nimic, că nu vrei să mă convingi de nimic, că m-ai eliberat de Tine, că m-ai făcut să înţeleg că sunt suficient de sensibil şi intuitiv ca să aleg pentru mine, fără să-ţi cer sfatul, fără să vreau să te ascult, fără să vreau să te citesc. Ceea ce iubesc cel mai mult la tine este că simt dragostea pe care mi-o porţi atunci când mă laşi să fac ce vreau, când îmi dai voie să-mi iau bobârnace, să spun şi să fac idioţenii, să dau cu stângu-n dreptu', să cad fără o plasă dedesubt, să sufăr fără milă sau alinare, să râd de ridicol ce sunt, să zbor fără aripi sau

76

motor. Știu că râzi cu mine, pentru că mă accepți și mă iubești așa cum sunt. Nu mă critici nici nu mă judeci vreodată pentru ceea ce decid să fiu. La fiecare alegere, bați din palme și mă aplauzi, chiar și atunci când știi că nu aceea e calea mea. Felul acesta al Tău, Doamne, m-a atras mereu să fiu aproape de Tine, nu pentru că am nevoie de Tine, ci pentru că îmi face bine să știu că întotdeauna ești de partea mea. Mă cunoști prea bine încât știi că-mi este mai ușor să fiu cu cineva care-mi e alături, decât cu cineva care vrea să mă facă dependent de el sau, dimpotrivă, are nevoie de mine. Aici, suntem la fel. Nu avem nevoie de nimeni, dar există oameni cu care ne place să ne împărtășim viața.

*

Sunt omul cu cele mai multe eșecuri, dar și cel care renunță de cele mai puține ori.

*

În adâncul sufletului, indiferent de tot ceea ce trăim, ce ne dorim cel mai mult este să fim fericiți, deși majoritatea dintre noi nu știm cu adevărat ce înseamnă să fii fericit. Mulți confundă fericirea cu distracția, pentru că în timp ce se distrează au tendința să uite de nefericirea din restul timpului. Fericirea începe întotdeauna cu conștientizarea nefericirii noastre. Nimeni nu este fericit fără să fi fost înainte nefericit în vreun fel. Această constatare este matematică. Așa cum nimeni nu moare fără să fi trăit mai întâi. Experiența morții are foarte mult de-a face cu legătura pe care o avem cu fericirea. Cine a fost fericit, moare în pace. Cei care nu au fost, se tem să moară, pentru că nu vor să plece fără să fi cunoscut fericirea. Este marea contradicție a vieții. Vrem să fim fericiți, dar nu știm cum să fim, doar pentru că nu am fost niciodată învățați că fericirea este starea noastră naturală. Nu este calea. Este locul.

Momentul. Bătaia acului secundar. Surâsul ivit din senin. Detașarea. Înseamnă să nu încetăm să simțim dragoste în zilele de cea mai adâncă tristețe, în zilele în care nu aflăm un adăpost unde să ne ascundem de frica de noi înșine.

*

Viața este trăită din plin doar dacă avem și o doză de inconsecvență, dacă încetăm să ne gândim la ceea ce nu merită să ne ocupe mintea și dacă îndrăznim să ne avântăm fără să analizăm atât de mult. Toate acestea sunt adesea văzute ca o nebunie, dar trebuie înțelese și ca o provocare pentru supraviețuirea noastră. Viața poate însemna ulcere, artrită, aritmii, oboseală, depresie sau, dimpotrivă, poate fi zâmbete, săruturi, râsete, sărbătoare. Totul depinde de alegerile noastre. Incertitudinea nu se potrivește cu felul nostru obișnuit de a fi, când ne place să anticipăm rezultatele și să profețim eșecurile. Inconsecvența nu este cheia fericirii, dar este cea mai bună decizie atunci când încetăm să ne mai fie frică de a pierde ceva. Inconsecvența este partea noastră cea mai pură. A fi inconsecvent nu înseamnă a fi iresponsabil. Ci, mai presus de toate, înseamnă să scăpăm de latura noastră cea mai plictisitoare.

*

Frumusețea fiecărui lucru nu stă în aspectul lui, ci în ceea ce mă face să simt.

*

Sunt dependent de durerea care mă vindecă. Sunt viciat în a iubi gramatica și algebra emoțională. Am vicii care mă fac să plâng de furie pentru că îmi dau seama de neputința mea de a le ignora. Am vicii care trăiesc între pielea mea și cuvintele tale şi cresc într-o alchimie fără frâie sau reguli. Ele nu mă ucid. Nu mă slăbesc. Nu mă subjugă. Mă invadează ca o febră. Mă muşcă precum tăcerea. Mă ameţesc ca un drog. Am dependenţe pe care nu le împărtăşesc cu nimeni, pentru că pur şi simplu cred că pot deveni o poveste de dragoste, fără alte motive sau scuze. Am dependenţe şi ştiu să trăiesc printre ele, aşa cum am învăţat să trăiesc în spaţiul dintre absenţa ta şi fiinţa mea.

*

Nu cred în destin, pentru că nu cred să fie controlat ceva în viaţa asta. Ideea că se vine aici pentru a ispăşi ceva dinainte stabilit, îmi sună ca o moarte anunţată sau ca un joc pervers şi viciat de la bun început. Întotdeauna am crezut în capacitatea mea de a alege sau în prostia de a permite altora să aleagă. Nu există o a treia opţiune. Decid eu sau decid ei în locul meu. Adevărul este că, în fiecare dintre alternative, inexistenţa destinului se opune ideii de existenţă a hazardului. Când se spune că nimic nu este întâmplător, pot chiar să accept, dar spun la rândul meu că îmi place mult mai mult să-mi creez propria şansă. Cei care cred în destin se limitează la a aştepta şi a se conforma. Cei care nu cred îşi petrec toată viaţa creând. În cel mai bun caz, destinul, pentru mine, este ceea ce creez în fiecare moment.

*

Îmi place să-mi permit să fiu senzual. Întotdeauna am crezut că senzualitatea se promovează pe ea însăşi, se protejează pe ea însăşi. Dacă nu ar fi aşa, nu mi-ar da voie s-o expun. Aş fi tentat s-o păstrez pentru momentele mele de intimitate cu cine iubesc. Dar a fi senzual face parte din cine sunt. Nu o fac intenţionat şi nici cu vreun obiectiv. Sunt senzual, pentru că senzualitatea este cea care hrăneşte fiinţa fiecăruia, şi a mea. Întotdeauna am fost un om din carne. Îmi

79

place felul în care ea îmi vorbeşte, cum mă linişteşte ori mă tulbură, cum mă face sensibil sau seducător. Îmi place felul în care-mi reacţionează pielea atunci când este atinsă, cu îndrăzneală sau ceva mai uşor, sau doar pentru a-mi reaminti vicii şi surse a toate şi a nimic. Sunt un om din carne, pentru că nu ştiu cum să nu fiu aşa. Chiar şi în senzualitatea mea. Chiar şi în plăcerea mea. Chiar şi în singurătatea mea.

*

Viaţa a fost mereu foarte generoasă cu mine. Mi-a dat totul fără să cer nimic. Nu există niciun secret în asta. Poate doar felul cum îi zâmbesc în fiecare zi. Cum îi recunosc nebunia. Cât de mult îi mulţumesc chiar înainte de a primi ceea ce nu i-am cerut niciodată. Recunoştinţa este magică. Este conştientizarea că nimic nu-i al meu şi că totul mi se oferă atunci când am cea mai mare nevoie. E destul doar să-mi deschid inima şi să mă las ghidat, să simt cine sunt şi să nu fac concesii, să las să se întâmple ce trebuie să se întâmple şi să fiu liber în toate alegerile. Secretul e în a nu gândi atât de mult.

*

Am venit aici ca să trăiesc intens şi să mor când îmi va veni ceasul. Nimic nu trebuie să fie perfect, dar totul trebuie să fie nou prin ceea ce mă face să simt. Dacă o situaţie se repetă, mie nu-i nevoie să mi se întâmple asta decât o dată. E posibil chiar să se întâmple şi să pară la fel, dar trebuie s-o simt diferit de fiecare dată. Numai aşa voi şti să învăţ. Numai aşa voi trăi ceea ce mi-e dat să simt.

*

Este fantastic să simţim voinţa de a merge mai departe când toată lumea ne spune să renunţăm.

80

*

Trăiesc într-o continuă provocare. Eu de-a întregul sunt o provocare. Nu știu cum să fiu altfel. Cred că viața devine prea previzibilă și monotonă fără provocări. Cred în provocare, așa cum cred în ceea ce am venit să fac aici. Am venit să mă provoc să fiu cine îmi doresc cel mai mult să fiu, nu ca să demonstrez ceva, ci doar să-mi zâmbesc mie însumi. Îmi place să-mi zâmbesc. Mă face să mă simt parte din provocarea mea. Mă face să fiu provocare. E răfuiala mea eternă cu viața.

*

Imaginația mea e făcută din bucăți de nebunie și curaj. Nu-mi ocup mintea prea mult cu ceea ce las în urmă. Dacă plec, este pentru că am nevoie de noi orizonturi și furtuni. Nu mai vreau să navighez în ape puțin adânci sau în mări calme. Apele calme mă îneacă mereu, chiar și atunci când știu să înot. Am nevoie de curenți și maree care să mă ducă departe, dincolo de ceea ce știu. Am nevoie de vânturi care să-mi ducă vela către insule necunoscute și continente neexplorate. Vreau valuri care să mă ducă pe plaje pustii și nicăieri. Eu întreg sunt milisecunde și secole. Eu tot sunt dorință și îndrăzneală. Eu sunt eu, pe de-a-ntregul. Nimic mai mult.

*

Eu merit viața pe care o am. Tu meriți viața pe care o ai. Niciunul dintre noi nu trebuie să o caute. Ea este deja cu noi. Trebuie doar să o schimbăm dacă nu ne convine sau nu ne face plăcere. Atât de simplu. Dacă nu o merităm, nu ni se întâmplă. Dacă o merităm, o trăim. Cu bune și mai puțin bune. Daruri ale vieții care să ne facă să simțim și să ne regăsim. Să ne schimbăm și să ne parcurgem calea cu zâmbetul pe buze și certitudinea că ceea ce nu are leac, poate foarte bine să aibă vindecare.

*

Într-o zi, voi fi bătrân. Mă voi uita în oglindă şi voi zâmbi. Îmi voi recunoaşte trăsăturile printre ridurile accentuate şi pielea moleşită de ani. Privirea va fi aceeaşi, dar cu mai multe poveşti scrise şi cu strălucire. Strălucirea celor care nu mai mor în fiecare zi, a celor care sunt imuni la întuneric, a celor cărora nu le mai este frică să se întoarcă acasă. Mâinile vor fi mai tremurătoare, mai zbârcite, dar mai capabile să se încleşteze în eternitatea în care cred şi în paginile în care voi scrie cuvinte fără vârstă şi fără teamă. Ştiu că poate trupul îmi va fi şubrezit, dar cred şi că sănătatea este înainte de toate o stare de spirit, o anticipare a vindecării, o amintire vie a altor vieţi. Corpul mă va durea un pic mai mult când va face ceea ce face astăzi, se va plânge de aşteptare şi rătăcire, de timp şi distanţe şi va cere mai multă odihnă şi pauze, va avea nevoie puţin din asta şi un pic din cealaltă… Ştiu toate acestea, dar ştiu şi că voi fi mereu un om al zâmbetului şi al hohotelor, al vieţii şi al îndrăznelii, al curajului şi al carismei, al seducţiei şi al răzvrătirii. Voi profita de orice ocazie să trăiesc cu aceeaşi pasiune cu care mă tatuez şi cu care fac dragoste astăzi. Voi continua să spun nu, oricui va vrea să-mi arate lipsă de respect sau să mă facă să sufăr şi voi insista să privesc zilnic apusul de pe balconul meu, în faţa mării. Ştiu toate astea. Restul, tot ceea ce nu ştiu să prezic sau să-mi închipui, las în ritmul vieţii şi al morţii mele.

*

Mereu mă fascinează coincidenţele. Ştiu că ceea ce mi se întâmplă în acel moment este întotdeauna o consecinţă a trecutului şi prezentului meu. Nu mi-a plăcut niciodată să cred în supoziţii sau profeţii. Prefer mai degrabă ceea ce mi se

82

întâmplă acum, pentru că este întotdeauna doar ceea ce există și unde pot fi eu însumi. Coincidențele mă incită tocmai pentru că nu sunt niciodată coincidențe. Sunt, mai presus de toate, legături cu viața în care îmi place să găsesc un motiv să zâmbesc și o emoție în a o simți. Știu că îmi aduc mereu întrebări noi și semnificații noi. Nu e mai mult de atât. Și aceasta este marea particularitate a coincidențelor. Se întâmplă pentru că sunt pregătit să le trăiesc. Se întâmplă pentru că a sosit momentul să le înțeleg. Se întâmplă atunci când e timpul lor să-mi atingă inima și să-mi arate o nouă cale.

*

Ceea ce gândesc creează ceea ce cred. Ceea ce cred îmi creează realitatea. Realitatea mea este făcută din emoții și trăiri. Nu mai mult. Și din miresme. Mireasma locurilor pe unde trec. Mireasma existenței și a amintirilor mele. Mireasma lucrurilor simple și a oamenilor care mă fac să zâmbesc. Mirosul mării, mereu al mării. Aproape un iz de carne și sânge. Ca al tău. Doar al tău, atât de al meu. Mireasma miresmelor. Cea în care dăinuie nebunia mirosului tău impregnat în pielea mea.

*

Scriu pentru că îmi vine să scriu. Încă nu prea înțeleg de unde vine acest imbold. Știu doar că este intens și de fiecare dată o descoperire extraordinară. Cuvintele nu-mi aparțin. De fapt, cred că nu-mi vor aparține vreodată. Sunt doar instrumente pentru ca vocea din mine să fie scrisă. Nu cred nici în șansă, nicidecum în noroc, dar adevărul este că această pasiune a mea există încă fără un motiv clar. Știu că iubesc ceea ce fac. Știu că o fac pentru a construi ceva în mine și în relația mea cu lumea. Doar că nu prea descifrez ce este. Într-o zi, voi înțelege, de asta sunt sigur. Nu știu când, dar va fi momentul exact când voi fi gata să înțeleg, în sfârșit. Îmi închipui că până

83

atunci voi continua să scriu, nu doar pentru că îmi vine să o fac, ci mai ales pentru că simt că atunci când scriu sunt mai aproape de o lume care va fi într-o zi a mea.

*

Sunt atât de multe lucruri mai importante decât să suferi din dragoste.

*

Există un anume soi de libertate pe care o obții doar atunci când începi să fii sincer cu tine însuți. Viața îți aparține, dar nu este cu adevărat a ta decât dacă faci alegeri care în mod cert au legătură cu tine. E fundamental să nu te minți sau să te păcălești, pentru că libertatea ta există doar în adevărul tău. Fii sincer și nu face compromisuri. Simte cine devii și deschide-ți inima către intuiție. Ascultă-te până la ultimele consecințe și urmează-ți calea. Nu evita să înfrunți frica, pentru că frica te face să fugi de tine și te obligă să fii doar cine vor ceilalți să fii. Promovează întotdeauna tot ce este spre bine și nu uita niciodată că numai acțiunile care au ca motor onestitatea sunt întotdeauna și fără excepție cele mai corecte și pline de satisfacții. Și amintește-ți că tu-ți creezi povestea și, oricât de mult ar vrea unii să spună altfel, povestea ta este și va fi întotdeauna povestea ta, motiv pentru care este și va fi întotdeauna cea mai bună dintre toate poveștile.

*

Iartă-te că nu ești încă cine ești tu cu adevărat și că nu ai cerut nimic de la tine. Trăiește-ti viața ca și cum nimic altceva nu ar fi mai important decât să trăiești. Realizează că tot ceea ce ți se întâmplă este pentru că ai nevoie să ți se întâmple. Acceptă-ți durerea și transform-o. Înțelege-ți călătoria și fă partea ta. Nu te mai plânge, pentru că lamentările

84

doar te încetinesc. Nu judeca pe nimeni fără să te judeci pe tine mai întâi. Caută să trăiești într-un mod în care să te simți liber și mândru de cine ești. Nu dori nimănui răul, dar nu înceta să te protejezi de cei care ți-l doresc. Nu căuta răspunsuri la întrebări pe care nu știi cum să le pui. Aventurează-te în locurile în care inima ta îți cere să mergi, ca mai târziu să nu regreți că nu ai ajuns niciodată acolo. Acceptă să simți, pentru că atunci când simți, te respecți la cel mai profund nivel al celui care ești. Și lasă-ți aripile să crească, lasă-le să crească până la un punct în care nu le-ai văzut niciodată crescând, astfel încât mai târziu să poți îndrăzni să zbori și mai sus și să poți vedea în sfârșit viața într-o perspectivă așa cum nu ai crezut niciodată că o poți vedea. Când în sfârșit reușești, poți fi sigur că nimic altceva nu va mai fi la fel sau indiferent pentru tine.

*

Nimic nu se uită, doar se transformă în ceea ce nu vrem să ne amintim.

*

Vorbesc doar cu cei care mă ascultă. Mă uit doar la cei care mă văd. Sărut doar pe cine mă vrea. Resping tot ce intuiția mea refuză. Nu păstrez în inima mea nimic care să nu mă emoționeze. Îmi plac mângâierile care-mi dau fiori pe șira spinării. Îmi place să simt că pășesc cu picioarele mai sus decât pământul. Nu vreau nimic în viața mea care să nu mă facă să mă simt viu. Ipocrizia mă sufocă. Obligațiile îmi omoară bucuria. Nu pot fi cu cineva care nu riscă totul în numele fericirii. Am nevoie de provocări și lucruri noi în fiecare zi. Știu că poate sunt nebun, știu. Dar dacă nu e așa, înnebunesc definitiv. Mă vor închide într-un ospiciu, nu pentru a mă vindeca, ci pentru a mă convinge că trebuie să fiu normal. Întotdeauna am văzut normalitatea ca pe o boală contagioasă,

85

de genul care se transmite prin felul mediocru în care alegem
să trăim. Doar atât am de zis. Nimic mai mult.

*

Nu mai aleg altceva decât ceea mă face să zâmbesc.
Nu-mi amintesc atât de bine zâmbetele pe care le-am zâmbit
ieri, nici nu vreau să mi le imaginez pe cele pe care le voi zâmbi
mâine. Viața mea este zâmbetul meu de azi. Acum
experimentez ceea ce este de experimentat. Acum vreau să
zâmbesc. Nici mâine, nici poimâine. Este azi. Acum. Chiar
acum, pentru că zâmbetul meu este întotdeauna o reflectare a
conștiinței mele. Un dialog direct cu inima mea. O iubire făcută
iubire pentru veșnicie. O lumină care vine din sufletul meu.

*

Opun o anumită rezistență planurilor. Îmi place mult
mai mult ceea ce decid pe moment. Așa, totul are gust mai
puternic de aventură. Ideea de a nu anticipa nimic mă face să
fiu emoționat și cu zâmbetul pe buze. Puțini oameni mă înțeleg
și mulți mă evită. Absența ordinii și a predictibilității îi sperie.
Nu-i condamn. Am fost și eu așa. Astăzi, trăiesc într-un ritm pe
care înainte nu-l cunoșteam. Nu mai accept viața cu supușenie.
O modelez în felul meu. Dacă nu-ți place, poți oricând să pleci.
Cine rămâne, poate fi sigur că va deveni puțin luat lângă mine,
în măsura nebuniei mele.

*

Toate femeile care trec prin relații lipsite de respect,
devin femei extraordinare. Natura lor nu este una de
supraviețuire. Este demnitate și curaj. Ca să spun drept, femeile
nu ar trebui să aibă nevoie de act de identitate. E îndeajuns darul
lor de a scrie ceea ce nimeni altcineva nu știe să scrie despre

dragoste. Nu cunosc nicio femeie care să nu iubească chiar mai mult după ce a murit de mai multe ori în viață. Ține de natura lor. Nu de a rezista, ci de a surprinde. Nu de a uita, ci de a renaște. Până la capăt.

*

Curajul meu se măsoară în cuvintele și atitudinea mea. Nu mă tem de nimeni. Nimeni nu trebuie să știe nimic despre viața mea când nu vreau să vorbesc. Urăsc bârfele și ceea ce-i șoptit la ureche, ca să nu se spună mai departe. Nu am răbdare pentru concluzii fanteziste și sfori trase pe pielea mea. Sunt liber până la punctul de a decide cu cine îmi voi împărtăși libertatea. Am devenit cine sunt pentru că am învățat să-i scot din viața mea pe cei care nu mă respectă sau pe cei care nu respectă ceea ce aleg pentru mine. Nu am timp să pierd timp cu cineva care mă face să-mi pierd timpul. Am ales ușurința și simplitatea pentru viața mea. Adevărul. Cine nu poartă acest steag pe umăr, caută în mine ceea ce nu va găsi niciodată.

*

Buzele mele sunt cele care mă învață existența sărutărilor tale și textura pielii tale. Cu ele te simt și-ți provoc fiori de viață, cu ele te fac să zâmbești fără să mă vezi, cu ele te ating acolo unde nimeni altcineva nu te atinge. Sunt groase, bine conturate, întunecate și mereu umede. Când zâmbesc, ele spun povestea mea. Când vorbesc, ele scriu cuvinte și înalță libere aripi în văzduh. Buzele mele mai sunt făcute și din ceea ce nu au rostit și nu au făcut încă. În fiecare zi, ele comit crime pe care doar eu le pot dezlega, ascund secrete pe care nu le dezvălui niciodată, caută ceea ce nu credeam că voi afla vreodată. Există o anume solemnitate în felul în care ele mă fac să-mi pierd timiditatea și-mi desenează pe piele rădăcina întregii tale gingășii. Adevărul este că nu sunt făcut doar din

87

carne. Sunt făcut şi din buze. Sunt făcut din mult din ceea ce puţini îndrăznesc să fie.

*

Mi-a trecut prin minte acum câteva zile că pot să scriu ce încă nu trăiesc. Nu sunt dintr-aceia care prezic evenimente sau chiar sentimente. Îmi place mult mai mult să trăiesc ceea ce este în acest moment şi nu în vreun altul. Viitorul a funcţionat întotdeauna pentru mine ca obiectivul unei curse făcute cu efort. Dacă alerg cu gândul la final, cu siguranţă voi uita plăcerea fiecărui pas şi a fiecărui moment. Scriind, uneori mă trezesc că fac contrariul. Îmi place să mă aventurez dincolo de moment şi de călătorie, nu ca să fac previziuni sau să pun întrebări unui glob de cristal, ci să-mi imaginez cum ar fi să mă nasc fără naştere. Mereu m-am simţit atras de necunoscut, de acea latură a mea care se lasă lipsită de nostalgie şi de dor, care este creată pe măsura îndrăznelii şi imaginaţiei mele. Când scriu dincolo de ceea ce nu trăiesc încă, e ca şi cum s-ar inventa o parte din ceea ce nu sunt încă, şi nici nu ştiu dacă voi deveni vreodată. Este un fel zbor în picaj, fără gândul de a deschide aripile.

*

Sensibilitatea-i straşnică pentru că are nevoie de un zdravăn simţ al umorului.

*

Am fost obişnuiţi să ne mişcăm în ritmul ceasului şi al calendarului şi uităm din ce suntem cu adevărat făcuţi. Ne pierdem undeva între frici şi reguli, ascultare şi linguşire, minciună şi lipsă, şi nu înţelegem de ce ne-am coborât din raiul nostru pentru a veni să trăim aici. Acceptăm să credem în ceea ce nu are nimic de-a face cu noi şi acum ne este greu să credem în lucruri diferite, lucruri care ne fac să simţim ceea ce nu mai ştim să simţim. Murim un pic în fiecare zi cu ideea că trăim şi ne dezvăţăm de a ne minuna de cele mai simple lucruri din viaţă. Dacă nu îndrăznim să schimbăm toate acestea în noi, nimic nu valorează mai mult decât ce-a valorat vreodată. Moartea va avea şi ea culoarea vieţii, o culoare fără lumină, o nuanţă a fericirii lăsată să ne scape, a fricii devenite obicei. Dacă nu schimbăm nimic, totul se va înrăutăţi. Dacă nu trezim viaţa din noi, vom muri fără să ne fi născut vreodată.

*

Îmi place când cuvintele parcă dau buzna atunci când scriu ceea ce simt. Inspiraţia devine atunci palpabilă ca stiloul şi foaia de hârtie pe care se aştern textele. Nu ştiu până unde mă vor duce toate astea. Îmi place să scriu. Sunt un visător de poveşti. Sunt un poet fără ordine, nici reguli. Sunt un temerar. Sunt un suflet îmbătat de viaţă. Nu-mi aduce şampanie. Vreau doar mai multă inspiraţie. Mai multă viaţă.

*

Sunt un nebun pentru că nu ezit nici măcar o secundă în faţa riscului de a-mi urma inima. Aceasta este toată nebunia, nu alta. Nu înseamnă să fac ce nimeni altcineva nu poate face. Ci să fac ceea ce nimeni nu îndrăzneşte să facă. Atât de simplu şi totuşi atât de dificil. Atât de aproape şi totuşi atât de departe. Sunt nebun pentru că urmez ceea ce simt şi rareori ceea ce gândesc. Am învăţat că sunt complet în simplitatea simţirii. Nu mai bun sau mai rău. Complet pentru mine, pentru că în mine încolţeşte nebunia, încet şi repede, ascultând limbajul pe care-l foloseşte viaţa ca să-mi descifreze calea de urmat şi să-mi arate urma stelelor care mă însoţesc.

*

Sunt fericit pentru că nu mă gândesc la nimic care să mă facă nefericit. Sunt fericit pentru că nu mă forţez să fac ceva ce nu vreau să fac. Sunt fericit pentru că nu fac ceea ce aşteaptă alţii de la mine, ci ceea ce îmi cere inima mea. Sunt fericit, pentru că mă mulţumesc să fiu alături doar de cei care mă fac să zâmbesc şi să plâng de bucurie. Mă bucur, pentru că scriu în loc să execut. Sunt fericit, pentru că nu-mi mai permit să fiu altcumva.

*

Când te concentrezi prea mult asupra celorlalţi, nu eşti dispus să-ţi înfrunţi propria tristeţe. Adevărul este că ţi-e frică să fii trist, pentru că tristeţea te face să pătrunzi în interiorul tău. Adesea preferi furia, ura, să dai vina pe cineva pentru ceea ce trăieşti, pentru că o astfel de atitudine te face să fugi de ceea ce nu vrei să simţi. Totuşi, dacă nu laşi tristeţea să iasă la iveală, dacă nu plângi când este necesar, va începe să-ţi fie şi mai frică de durere, suferinţă, respingere, abandon. Când eviţi să simţi tristeţea, nu permiţi păcii, bucuriei şi fericirii să pătrundă în inima ta. Când simţi tristeţea, nu te apăra de ea. Doar simte-o. Simte durerea pe care ţi-o aduce. Acceptă-ţi durerea. Nu te gândi la alţii sau la ce ar fi trebuit sau nu ar fi trebuit să faci. Lasă-te să fii trist. Doar atât. Nimic altceva. Pentru că numai aşa vei putea să o înţelegi, să zâmbeşti şi să te eliberezi de ea. Pentru că numai atunci vei putea simţi toată dragostea pe care o ai pentru tine.

*

Tot ceea ce fac fără lumina mea nu funcţionează niciodată. Ceea ce fac poate părea chiar minunat în ochii celorlalţi, dar din moment ce am făcut-o fără pasiune, fără ca esența mea să fie parte din ea, îmi lasă un gol pe care nu-l pot explica. Răspunsul este ușor. Dacă nu are lumina mea, nu merită să fac eforturi ca să obțin acel ceva, pentru că nu mă face să zâmbesc nici în timpul dobândirii și nici la final. Zâmbetul meu nu poate să se nască niciodată pentru alții, în loc să o facă pentru mine. Ori de câte ori zâmbesc doar pentru alții, mă simt mai trist pentru mine. Știu de mult că un zâmbet fără lumină este o speranță spre lumină. Știu că fără lumină, mor singur, fără stele pe cerul meu. Știu că fără lumină, nu există loc unde să pot da și mai multă licărire propriei mele lumini. Fără lumină, devin furie. Mor fără credință. Fără mine.

*

Secretul ca viața să nu pară atât de scurtă și plictisitoare, este să știi să trăiești. Astăzi, majoritatea oamenilor nu știu să trăiască sau nu înțeleg că trăiesc ceva care de fapt nu are aproape nimic de-a face cu a trăi. Viața nu poate să însemne doar să te afli pe aici. Nu există artă în asta. A trăi înseamnă în primul rând să fii recunoscător pentru tot ceea ce atragi în acest moment. A trăi înseamnă a ști să accepți momentul, oricare ar fi acesta. A trăi înseamnă a ști să alegi doar ceea ce vorbește limba respectului pentru cine vrei tu să fii. A trăi înseamnă a ști să spui nu celor care nu te respectă sau te fac să suferi. A trăi înseamnă a face totul și fiecare lucru doar pentru plăcerea de a-l face, fără să te gândești măcar la rezultatul final. A trăi înseamnă a crede în tine și a avea curajul să mergi înainte fără să te gândești prea mult. A trăi înseamnă și a accepta că nu vei muri niciodată.

*

Există prefăcătorie în atât de mulți oameni. Secrete. Temeri. Minciuni. Trăire în culori false. Oameni care se agață de stări mintale false și simulează fericirea care nu este altceva

91

decât o poveste fără adevăruri. Plâng fără să închidă ochii şi zâmbesc fără suflet. Se uită prea mult la alţii şi evită întrebările, de teama răspunsurilor. Se îmbracă bine şi miros a parfum scump, dar povestea lor este tristă şi plină de pastile. Se pare că le place să fie minţiţi pentru a-şi justifica lipsa de adevăr. Le lipseşte darul de a fi fericiţi. O durere le e ascunsă undeva într-unul dintre cele mai îndepărtate colţuri ale inimii. O piesă de teatru pe drumul spre eşec. Un nimic pe care vor să-l facă să pară un tot. Un cer cu puţine stele.

*

Sunt în căutare de răspunsuri, dar încă nu ştiu ce întrebări să pun. Ştiu că am o sensibilitate aparte. De asta nu am nicio îndoială. Întotdeauna am ştiut să ies din mijlocul lucrurilor mai mici ori mai mari cu o oarecare prezenţă de spirit. Întotdeauna am făcut alegerile care mi s-au părut cele mai potrivite între ceea ce mi-a cerut inima şi ceea ce timpul avea să-mi confirme. A încetat să-mi mai fie frică să simt frică, dar respect mereu ceea ce încă îmi provoacă frică, pentru că ştiu că atunci mă aflu într-un moment din care am ceva de învăţat. Deja învăţ mai mult prin iubire. Încet, ca o larvă care îşi formează coconul. Fără grabă. Ştiu că totul în viaţă are timpul său şi totul în timp are o viaţă de trăit. Prin urmare, şi viaţa mea. Şi timpul meu.

*

Ce mă fascinează cel mai mult la o femeie este ceea ce îmi şopteşte fără să vorbească, ceea ce îmi arată fără s-o privesc, ceea ce îmi face fără să mă atingă. Ce mă entuziasmează cel mai mult la o femeie este felul în care îmi întoarce spatele, cum îmi repetă numele, cum îşi apleacă dorinţa asupra mea. Ceea ce mă surprinde cel mai mult la o femeie este tăcerea ei, felul în care tace chiar şi atunci când ar

92

avea ceva de spus, felul în care mă reduce la tăcere cu absența cuvintelor ei. Ceea ce mă prinde la o femeie este libertatea mea de a veni și de a pleca, de a o respecta și de a o provoca, invitația ei spre a ajunge la ce credeam imposibil să ating și grija ei de a nu-mi oferi mereu la fel și pentru prea mult timp.

*

Voi căuta să-mi vindec durerile. Voi călători fără o destinație în interiorul meu. Voi merge în locuri necunoscute de carne, oase și suflet. Mă voi asculta. Îmi voi face pe plac și-mi voi îndeplini dorințe. Mă voi naște fără naștere. Am să scriu ceea ce am știut întotdeauna că voi scrie. Voi păși pe o nouă cale pornind de la cea veche. Am de gând să fug de pretinderile stupide de normalitate. Voi elogia ceea ce nu este obișnuit în mine. Am să beau o bere și-am să-mi spun că mă iubesc. Poate-o să cred. Poate n-o să râd. Poate mă vindec.

*

Am o latură obraznică pe care o dezvălui doar unora și o latură generoasă pe care o dezvălui doar altora. Știu că pot schimba asta, dar mai știu că nu o fac, pentru că am nevoie de acest echilibru. Totul în viață are reversul său, altfel nu poate emana viață sau iubire. Acest echilibru este sacru în viața fiecăruia. Nu cunosc niciun ticălos care să nu aibă o latură generoasă și nici generoși care să nu aibă o latură de ticălos. Cred că cei care nu mă plac consideră că sunt doar o reflectare a acelei părți mai puțin bune. Nu sunt și nici nu am fost vreodată doar un mare ticălos. Adevărul este că sunt un amestec din cele două și dezvălui doar latura pe care-o vreau aceluia care o merită.

*

Nu tot ceea ce este spre binele tău te va ajuta neapărat să-ți îmbunătățești relația cu tine însuți. Întotdeauna crezi că, dacă ai grijă de tine, înseamnă că ai avea grijă de cine ești. De fapt, de multe ori este chiar invers. Deseori ai grijă doar de imaginea ta în raport cu ceilalți. Mulți dintre noi trăim în legătură directă cu ceea ce cred oamenii despre noi. Dacă ne acceptă, suntem fericiți. Dacă ei ne prețuiesc, ne prețuim și noi. Dar dacă ne abandonează, ne simțim singuri. Dacă ne rănesc, ne învinovățim pe noi înșine. Dacă ne trădează, ne minimizăm. O relație cu noi înșine nu înseamnă niciunul dintre aceste lucruri. Înseamnă, înainte de toate, să avem spirit liber să alegem doar ceea ce are de-a face cu noi. Înseamnă în primul rând să nu ne mai temem de părerile altora. Și, mai presus de toate, să îndrăznim să vorbim atunci când vor să ne astupe gura.

*

Am nevoie în jurul meu de oameni pentru care a trăi este o pasiune. Nu vreau oameni pentru care chiar și cele mai simple lucruri sunt distorsionate și trecutul este întotdeauna o povară. Am nevoie de cineva care să mă facă să râd și să spună atâtea trăsnăi încât aproape să mor de durere de burtă de la atâta râs. Am nevoie de cineva care să împacheteze fără să stea pe gânduri două-trei rufe într-o valiză și să mă țină de mână înainte să plecăm. Vreau să văd lumea prin fereastra unui avion și să aterizez în locuri în care soarele apune pe partea opusă față de cea cu care eram obișnuit. Îmi doresc oameni care să mă facă să fiu și mai mult ceea ce sunt. Îmi doresc de partea mea oameni care nu vor să știe nimic despre viitor și nici să trăiască din presupuneri sau superstiții. Îi vreau alături doar pe cei care cred că totul este posibil.

*

94

Nu-ți fie teamă să te simți confuz. Nu-ți fie teamă să simți frică. Nu te teme să simți această greutate pe suflet. Întreabă-te ce-ți provoacă acest sentiment. Identifică și înfruntă. Doare, știu, dar e normal să doară. Viața vrea să nu-ți fie frică să-i faci față. Durerea este felul în care viața vrea să te avertizeze să nu mai fugi. Eschivarea nu face altceva decât să amâne ceea ce viața are să-ți spună. Apucă durerea în mâini, las-o să-ți invadeze corpul, simte-o și alege apoi în funcție de ceea ce îți spune. Nu fugi niciodată de ea. Simte, simte, simte, până devine tristețe. Apoi, dacă vrei, plângi. E în regulă să plângi. Când plângi, eliberezi tristețea și faci pace cu acceptarea. Abia după ce vei fi acceptat tristețea, vei putea în sfârșit să zâmbești din nou, împăcat cu tine însuți.

*

Ești cu adevărat liber doar atunci când ideea de a începe de la zero tot ceea ce simți că ar trebui să întorci pe dos, nu te sperie. Dependența îți aduce frica de a nu pierde. Când depinzi, supraviețuiești, pentru că nu îți respecți suficient libertatea care așteaptă în tine să o trăiești pe deplin. Dependența înseamnă să mori, să nu vrei să trăiești. A te agăța de ceva înseamnă a evita să visezi și a-ți înșela propria fericire. Secretul este să nu depinzi. Să nu-ți fie frică să pierzi. Să nu dorești nimic mai mult decât ceea ce ai cu adevărat. Înseamnă să accepți tot ce vine, atâta timp cât nu te va face să depinzi și mai mult.

*

Orice ai face, cel mai important lucru este să faci din convingere. Dacă nu o ai, așteaptă. Nu face alegeri care nu sunt parte din tine. Alege doar ceea ce are mirosul tău, numele tău tatuat, parfumul tău. Doar dacă ești convins, vei putea simți calea. Convingerea nu este ceva ce vrei să ai. Dimpotrivă. E ceva ce simți adânc în piept, acolo unde viața te inundă cu certitudini care ți s-au părut prea multă vreme incertitudini. Când simți și crezi în ceea ce simți, fii convins că știi deja mai mult despre ceea ce ți-ai propus să faci aici jos și mergi înainte deja șovăind mai puțin. Uneori chiar fără nicio teamă. Ca și cum ai fi spus un adevăr chiar înainte de a muri. Eliberat de orice consecințe. Protejat de divinitate.

*

Nu sunt un om obișnuit. Sunt atent la detalii cărora puțini le acordă atenție. Sensibilitatea mea uneori mă răvășește, pentru că îmi dezvăluie ceea ce nu sunt întotdeauna pregătit să înțeleg. Nu caut dragostea, pentru că încă încerc să-i pătrund tainele. Știu că o simt în mine, dar îmi place să o pun la îndoială pentru a statornici ceea ce încep să simt pentru ea. Sunt un om generos și vesel. Generozitatea este prima mea piele. Bucuria este seva mea. O eman prin toți porii, ca nevoia de a lua o gură de aer de la suprafața apei. Nu mi-e frică să mor. Văd moartea ca pe o întoarcere perpetuă unde am mai fost. Simt cum sufletul meu reacționează de fiecare dată când mă gândesc la întoarcerea mea. Și mai știu că îmi spune că nu e încă timpul. Mai sunt cuvinte de scris, sărutări de oferit, călătorii de făcut. Mai este viață de trăit.

*

Întotdeauna trebuie să mă implic cu trup și suflet în ceea ce fac. Nu are sens pentru mine să fie altfel decât așa. Sunt incapabil să fac ceva doar de dragul de a face. Generozitatea este partea cea mai evidentă a mea. Nu se manifestă doar atunci când e vorba de ceva ce compromite respectul față de mine însumi sau este făcut cu intenția de a mă face să sufăr. Atunci, plec. Nu înfrunt și nu atac. Am această latură a mea care îmi spune că învăț mai mult la distanță decât dacă intru într-un

96

conflict. Întotdeauna am crezut că cel mai greu de uitat sunt cuvintele rostite în momentele de tensiune. Faptele, ele, au mai puțin ecou. Se uită. Sunt înlocuite cu scuze și sărutări. Sunt înghițite de timp. Rămân doar în memoria celor care decid să le păstreze. Sunt ca fotografiile cu prea multă lumină sau ca scrisorile niciodată trimise. Nu mai servesc la nimic.

*

Nu las pe nimeni să-mi ia nimic. Nu cer vreodată cu împrumut. Nu mă asociez la nimic. Îmi este greu să lucrez în grup. Dau totul cui nu-mi cere nimic. Sunt generos cu cine are nevoie să creadă în el însuși. Împart ceea ce e posibil să împart. Sunt recunoscător pentru ce am și pentru ce încă nu am. Nu mi-e rușine de ceea ce cred și de ceea ce susțin. Devin tot mai singuratic. Îmi plac perspectivele noi și unghiurile diferite de a privi lucrurile. Îmi este greu să trăiesc fără să călătoresc. Nu-mi place să hrănesc amintirile, ci să creez momente. Viitorul nu-mi spune nimic. Am încetat să mai caut ceva. Sunt fericit cu cei cărora le place să mă vadă fericit.

*

Întotdeauna mi-a plăcut o femeie îmbrăcată în blugi și un tricou alb. Îmi amintește de adolescența mea, de vacanțele în Europa, de trenurile dintre țări, de conversațiile într-o limbă străină, de gesturi și râsete, de sărutări, de nebunia de a fi nebun. Cele mai bune povești sunt cele care te fac să zâmbești înainte de a se termina, cele în care finalul nu mai este important. Am trăit multe așa. Nu vreau ca cele care or să vie să fie altfel.

*

Când aleg pentru mine, sunt conştient de puterea pe care o am asupra vieţii mele. Devin pur şi simplu creatorul realităţii mele. Mulţi oameni se îndoiesc de libertatea şi capacitatea lor de a alege. Ei cred că este mai bine să fie ca ceilalţi decât să fie diferiţi şi să rişte astfel să nu fie acceptaţi. Mai rău. Să moară cât timp sunt încă în viaţă. Ca un zombi. Ca o placă zgâriată.

*

Când mi-am ales calea, ştiam că în mod inevitabil voi răni oameni. Ştiam şi că unii aveau să iasă din viaţa mea, chiar să fi vrut să-i ţin sau să-i opresc să plece. Şi mai ştiam că lumea nu se va schimba doar ca să-mi facă pe plac, pur şi simplu pentru că lumea aşa e de când lumea. Am crezut că dacă aş fi generos şi tolerant, aş fi înţeles şi acceptat, dar m-am înşelat. De asemenea, credeam că pot conta pe prieteni şi familie, dar adevărul era foarte diferit. Şi-am mai crezut că voi fi iertat pentru greşelile mele dar, în schimb, am fost condamnat fără dreptul la vreo apărare. Am învăţat însă că, dacă vreau să fiu fericit, pot conta doar pe mine şi depinde numai de mine. Am mai învăţat că dragostea poate fi adesea doar camuflajul unui anumit interes. Am mai învăţat că viaţa este a mea doar din momentul în care o trăiesc fără teamă să o pierd. Ca într-un vis adevărat. Între inima mea şi sufletul meu. Poate şi mai aproape. Poate chiar fără nicio distanţă. Într-un singur punct.

*

Fiecare îmbrăţişare este o conexiune pentru mine. Fiecare sărut este o promisiune. Toate lucrurile bune care mi se întâmplă sunt cadouri pe care le-am dobândit. Fiecare angajament este o confirmare a existenţei libertăţii mele de a alege. Fiecare alegere este o oportunitate de a trăi diferit. Toată poezia mea este viaţa mea în mişcare. Un dar de la un zeu care m-a înzestrat cu dorința de a pune cuvinte cap la cap și de a le da un sens al meu. Nu mă simt un privilegiat. Nu sunt o excepție. Nu sunt fiul unui tată bogat și influent. Sunt doar cineva căruia îi place să trăiască îndrăgostit de ceea ce viața îi oferă în fiecare zi. Cineva care știe să râdă de el însuși chiar înainte de a se împiedica de vina de a nu ști să fie diferit.

*

Nu mi-e îndeajuns să simt. Trebuie să cred în ceea ce simt. Dacă nu cred, vor apărea îndoieli și voi ceda fricii că s-ar putea să greșesc. Încep să simt doar când nu mai am o părere. Simt doar din momentul în care nu-mi pasă de răspunsuri. Simt doar dacă îmi dau voie să intru în pieptul meu, acolo unde emoțiile se amestecă și mă fac să dărâm toate ezitările și temerile. Adevărul e că nu-mi mai este frică să simt. Mi-e teamă mai degrabă să nu simt. Mi-ar fi frică să ascult și să nu aud nimic, să mor fără să-mi dau seama. Nu vreau să-mi pierd simțirea. Aș prefera să nu mai respir. Sau chiar să mă opresc din a scrie.

*

Cine trece prin viață și crede că nu are nimic pentru care să fie recunoscător, nu înțelege o iotă despre cum funcționează viața. Cine nu este recunoscător, nu își poate asuma responsabilitatea pentru felul în care alege să trăiască. Totul este dureros și un efort pentru el. Tot ce face e pentru a primi mereu ceva și niciodată doar pentru plăcerea de a face. Cine nu este recunoscător, suferă mai mult decât oricine altcineva, pentru că dă vina pe alții și își cere scuze prea ușor. Absența recunoștinței îți îndepărtează capacitatea de a cunoaște timpul potrivit al fiecărui lucru și de a te putea mișca mai liniștit în călătoria ta. De aceea, recunoștința nu este pentru toată lumea. Este doar pentru cei care au talentul de a trăi în bucurie.

99

*

Nu vreau să știu nimic despre reputația mea. Ea există doar în mintea altora.

*

Cea mai mare durere vine întotdeauna din dezamăgire. Dezamăgirea vine atunci când cred că sunt îndreptățit să mă aștept la ceva de la cineva. De fapt, viața mea depinde de alții când gândesc în acest fel. Frustrarea mea crește proporțional cu așteptările mele. Atunci, nimic nu are sens dacă nu se întâmplă așa cum sper eu să se întâmple. Mă amăgesc atunci când cred că aș avea dreptul la ceva. Greșeala mea e că nu am încredere în generozitatea vieții. Nimic nu este al meu. Totul îmi este împrumutat de la viața însăși. Ceea ce se schimbă este recunoștința mai mare sau mai mică pe care o ofer în schimbul acestor ofrande. Dacă nu sunt recunoscător, nimic nu are sens în fața pierderilor și înfrângerilor mele. Dacă sunt recunoscător, atunci mă aflu din ce în ce mai mult într-o stare de grație. Doar atât. Restul face parte din ceea ce nu sunt și nici nu aștept să devin.

*

În inima mea, timpul nu este același ca în afara ei. Adesea, nici măcar nu există. Alteori, e menit să existe doar pentru a-mi da mai mult timp. În inima mea, nimic nu se întâmplă în afara timpului. Totul se întâmplă într-o ordine făcută din detașare și iubire. Este un calendar al îngerilor. Acolo, durerea nu este o prezență, pentru că ea face obiectul astrologilor și al medicilor, al psihologilor și al ucigașilor. În inima mea, timpul este o emoție, o posibilitate de noi visuri și zboruri. O nostalgie a vremurilor diferite în același timp. În

inima mea, timpul se înclină în reverenţă faţă de tot ceea ce
trăieşte. Doar atât.

*

Uneori nu înţeleg dimensiunea a ceea ce mă leagă de
anumiţi oameni. Aş vrea să inventez un cuvânt pentru această
legătură. Dragoste este prea vag. Poate chiar prea pragmatic.
Vreau un cuvânt, dar numai un gând îmi vine în inimă. O
întâlnire cu ceva ce am mai întâlnit. O plăcere egală cu cea de
a zornăi monedele în buzunar. Totul rămâne la fel, dar totul se
mişcă din loc. Ceea ce mă leagă de anumite persoane mă face
ingenuu pe dinăuntru şi pe dinafară. Este o relaţie în care nu
vreau şi nici nu trebuie să privesc înapoi. O construiesc cu
fiecare început şi cu fiecare sfârşit. O fac să-mi zâmbească şi
poate că e mai bine să o definesc aşa, doar cu un zâmbet. Fără
cuvinte. Doar cu un zâmbet, pentru că tot ceea ce zâmbeşte are
viaţă. Atât.

*

Nu mai suport lucrurile superficiale. Intensitatea
trăieşte în venele mele. Mi-a devenit sânge.

*

Dacă astăzi trăiesc viaţa pe care o trăiesc, o datorez
faptului că mi-am asumat destule riscuri pentru a o cuceri.
Definiţia mea pentru ceea ce este posibil a căpătat o altă
dimensiune. Am ales să zbor fără să ştiu dacă am aripi. Am
decis să visez pentru că am înţeles că visul este raţiunea
sufletului. Am lăsat confortul în urmă şi m-am predat cu totul
aventurii de a zâmbi. Mi-am smuls din piept acceptarea
mizerabilă a lamentării şi am lăsat să pătrundă lumina
îndrăznelii. Nimic nu a mai fost la fel. Am început să accept

101

timpul fiecărui lucru în viața mea, la vremea lui. Am început să aleg să fiu acolo unde respir pasiune. Mi-am dat seama că merit viața. Doar viața. Atât. Restul nu este al meu. Este făcut pentru mine.

*

Sunt absurd de pasionat de a așterne cuvinte care diferă de toate celelalte, nu prin formă, ci prin meșteșug. Într-o zi, voi inventa cuvinte care nu trebuie așternute pe foaie, cuvinte pentru care e îndeajuns să zâmbesc ca să fie scrise. Într-o zi, te voi lăsa să scrii pentru mine. Zâmbind. Cuvinte zâmbitoare. Cuvinte pe care le voi recunoaște fără să le văd. Cuvintele potrivite simțirii mele. Așa ca și cum ar fi un sentiment. Sau un suflet la fel ca al meu care mă bate pe umăr ca să mă întorc și să-l recunosc. Așa. Fără nimic mai mult de spus. Doar zâmbind. Așa cum vor fi înțelese într-o zi toate cuvintele mele.

*

Am trăit povești pe care nu mi le mai amintesc. Nu știu dacă erau povești, dar așa le-am numit și așa mi-au rămas în memorie. Poate au fost doar momente. Nu știu. Nici nu este important. Au fost ce-au fost. Astăzi, nu le-aș mai experimenta pe unele dintre ele, nu pentru că le regret, ci pentru că dacă mi s-ar oferi o nouă oportunitate, aș face altfel. Poate că toată viața mea ar fi fost diferită cu asemenea schimbări. Posibil chiar să fi fost mai rea decât acum. Nu știu și nici nu vreau să știu. Îmi accept viața și mă bucur de ea așa cum mi se prezintă. Adevărul este că lumea supozițiilor m-a lăsat mereu indiferent. Sunt din cei ce preferă mai degrabă să se ardă și să țipe decât să-și imagineze cum ar fi dacă nu ar face-o.

*

102

Îmi place din ce în ce mai mult să stau singur. Cu vârsta, capăt obiceiuri de libertate. Fac ceea ce simt, fără să las pe nimeni să-mi spună ce ar trebui sau nu ar trebui să fac. Eman un aer nou, pe care doar cei care sunt liberi îl pot dobândi. Singurătatea nu mă sperie. Dimpotrivă. O văd ca fiind colțul meu, timpul meu în care mă vindec de mulțime. Viața care mi se deschide înainte, îmi este necunoscută, dar nu mi-e teamă de ea. Știu deja de ce sunt capabil. Și ceea ce încă nu ar trebui să se întâmple. Cu mine, mă întâlnesc pe mine însumi. Zbor cât de departe mi-e posibil să zbor, fără teama de a cădea sau de a fi doborât. Când mă întorc, îmi las ceva timp înainte să mă înalț din nou, grăbit și dornic de a o porni din nou. Eu așa sunt. Fac totul în numele păcii mele.

*

Întotdeauna am avut o atracție spre ce e interzis și o pasiune uriașă pentru îndrăzneală. Îmi place să fiu surprins și lăudat pentru ceea ce nu știu despre mine. Iubesc neprevăzutul și frumusețea neînfricată a celor care merg până la moarte pentru adevărul lor. Sunt un răzvrătit, dat unei cauze perpetue. Îmi iubesc viața și știu că sunt făcut, prin vocația și talentul meu, din părți egale de nebunie și provocare. Cei care nu mă cunosc îndeajuns, pot fie să mă iubească, fie să mă urască, pentru că în viața mea nu există cale de mijloc. Iar eu prea puțină importanță dau acestui lucru. A trăi așa cum trăiesc, inevitabil implică anumite compromisuri.

*

Felul în care îi văd pe ceilalți este o extensie a modului în care mă văd pe mine însumi. Adevărul în care cred mă face să-mi creez realitatea de fiecare dată. Sunt mereu în centrul a tot ceea ce am făcut și am permis să mi se facă. Nu are cum să fie altfel, din moment ce am puterea de a alege și de a decide pentru mine. Nu mi-am dorit niciodată să fiu un învingător, nici un învins. Întotdeauna am încercat să fiu un ucenic, să învăț din toate, uneori în mod conștient, alteori doar fugind de propria-mi frică. Mi-e totuna. Sunt aici în primul rând pentru a învăța să simt iubirea. Am înțeles asta cu foarte puțin timp în urmă. Doar iubire. Mai presus de orice, iubirea, pentru ca mai târziu să văd totul prin ea. Să-mi văd frica. Să văd ceea ce încă nu înțeleg ori nu accept. Să văd tot ceea ce încă nu iubesc.

*

Timpul trece și nu se întoarce. Nu este moștenirea nimănui, nici măcar a celor care trăiesc. Nici măcar a celor care au plecat deja. De fapt, timpul este un amestec dintre bucățile care au fost smulse din mine și cele pe care le-am pierdut pe parcurs. Am cu el o relație de dualitate. Accept felul în care îmi dă unele lucruri și în același timp îmi ia altele, pe care le credeam pierdute și, încă, altele pe care nu credeam să le mai pot pierde. Îi permit să mă facă să gândesc, dar nu îi dau voie să mă oprească să simt. Când simt, sunt în momentul meu și timpul dispare din toate ecuațiile mele. Nu se poate să nu fie așa. Numai când gândesc, îl simt trecând prin secundele mele, nu ca acele unui ceas, ci ca o viață care se îndârjește să se miște mai repede decât îmi permit să accept.

*

Învață-mă încă o dată să visez. Amintește-mi, te rog, cum să o fac. Timpul m-a făcut să uit drumul către visurile mele. Le-am pierdut între cine am fost și cine încă nu sunt. Învață-mă încă o dată să visez. Îmi e frică nu cumva să le fi pierdut pentru totdeauna. Am nevoie de curajul tău și de zâmbetul tău, de puterea ta ca să le pot regăsi în mine. Nu mai știu să visez. Viața mi-a luat visurile, fără să mă întrebe dacă vreau să renunț la ele. Sau eu am fost cel care le-a ignorat

104

pentru că îmi era atât de frică că nu le voi primi. Învață-mă încă
o dată să visez. Te rog să-mi aminteşti cum să o fac. Nu mă lăsa
fără visuri. Nu sunt decât un nimeni dacă nu mai visez. Te rog,
mai învață-mă o dată să visez. Nu vreau să trăiesc fără visuri.
Nu vreau să merg braț la braț cu tristețea de a nu mai reuşi să
visez.

*

Îmi place când gândurile mele călătoresc în inima mea.
E ca şi cum aş fi îndrăgostit, fără să iubesc. Este o eliberare
care îmi oferă tot ce este mai bun din mine. Nimic nu-mi pare
mai rău decât este cu adevărat sau mai bun decât a fost
vreodată. Gândesc într-o formă diferită, mai îndrăgostit de ceea
ce ştiu că există, dar nu am văzut niciodată. Îndrăznesc să visez
visuri care transformă tot ce este al meu în ceva special. Mă
pierd printre oameni şi locuri pe care le transform în întâlniri
cu mine însumi. Mă simt diferit. Nu mai sunt acelaşi. Mă simt
ca cineva pentru care inima nu mai este o oportunitate ratată.
Este mai degrabă un zâmbet la momentul potrivit.

*

Lasă să plece pe cel ce vrea să plece. Lasă să-şi urmeze
drumul cel ce trebuie să şi-l urmeze. Înțelege că nu ți-e menit
să stai cu cineva care nu vrea să rămână. Dacă vrei, fii trist,
plângi, dar lasă-l să plece pe cel ce vrea să plece. Nu te
încăpăţâna să opreşti timpul sau să închizi uşile. Oamenii
pleacă cu mult înainte de a pleca, când deja nimic nu-i mai
reține. Mulțumeşte pentru fiecare zi când ai fost în compania
lor. Mulțumeşte pentru tot ce ai învăţat şi nu te supăra, pentru
că doar cei care cred că au dreptul la ceva mai mult de la cineva,
se supără. Lasă-l să plece. Dă-i drumul, pentru ca şi tu să mergi
unde probabil trebuia să fii deja.

105

Uneori, trebuie făcut ceea ce trebuie să fie făcut, chiar dacă nu mai e niciun pic de voință pentru asta. Adevărul e că lăsăm să se scurgă prea mult timp din timpul potrivit, pentru a mai putea amâna acum încă un pic. Toate lucrurile pentru care trece timpul lor, sunt făcute apoi doar din obligație. Am putea chiar să nu le facem, dar în adâncul sufletului știm că trebuie făcute. Când nu duci la capăt un angajament luat, îți creează o stare mai rea decât să faci ceea ce trebuia făcut. A trăi disconfortul acesta pentru cât de puțin timp ar fi, te face să înțelegi importanța de a nu amâna nimic. A amâna înseamnă a te îndepărta de cerul tău. Înseamnă a fugi, dar a rămâne mereu în același loc. Înseamnă a trăi o viață care nu e ce ar trebui să fie viața noastră. E ca și cum amesteci și împarți cărțile de joc, dar nu rămâi cu niciun as.

*

Am amintiri din copilăria mea al căror sens abia astăzi îl înțeleg cu adevărat. La vremea aceea, nici nu mi-am dat seama că s-au imprimat în memorie. Au fost momente când m-am simțit foarte singur. Distanța care s-a creat între mine și restul lumii era atât de mare, încât au trecut zile întregi fără să scot vreun cuvânt. Nu-mi amintesc de nimeni care să fi fost surprins sau să fi observat tăcerea mea. Mi s-a părut un timp nesfârșit, un timp în care m-am refugiat adesea sub pat, cu ursulețul meu de pluș și lui i-am încredințat un plan de a fugi către fericire. Nu știu câte zile a durat dorința mea de a fugi. Știu doar că i-am jurat la nesfârșit micuțului meu prieten din cârpă să fiu într-o zi un călător fără frâie, un luptător împotriva durerii și singurătății, un aventurier fără teamă. Citind ceea ce scriu acum, mă face să zâmbesc.

*

Eu nu doar văd oamenii. Îi ascult chiar dacă nu vorbesc. Să privești pe cineva fără să-l asculți e ca și cum nu l-ai vedea. Este imposibil să vezi cu adevărat, fără să asculți. Orbii ascultă ca să vadă. Dacă am face la fel, am ști mai bine cum să vedem cu mai multă ușurință oamenii lângă care trăim. Cei care au învățat să asculte, au învățat să vadă ceea ce nici măcar ochii nu pot arăta. Ceea ce nu se vede, dacă am vrea, am putea asculta fără dificultate. N-are cum să nu fie așa. A vedea și a asculta în același timp este încă un mod de a simți, pentru că a simți este mai presus de toate a vedea și a asculta fără teama de a deveni orb sau surd. Înseamnă să nu-ți fie frică de nimic din ceea ce poți simți. Înseamnă să nu-ți fie frică nici măcar de ceea ce nu ai fost niciodată capabil să simți înainte.

*

Nimic nu-mi este mai de folos decât ceea ce nu știam că am nevoie. Viața are planuri pentru mine, însă eu am planuri și mai mari pentru ea. Posibilitatea de a o trăi fără a face ochii mari de uimire și încântare, nu mai face parte din ceea ce sunt. Vreau să zbor chiar și fără să mă desprind de pe pământ. Vreau să-i ofer mult mai mult decât ceea ce visează ea să primească de la mine. O voi întoarce pe dos până voi găsi în ea ceea ce mă duce dincolo de mine și încă mi-e necunoscut. Nu cred în nimic care să nu fie făcut pentru a o îmbunătăți. Ceea ce-i aduce contrariul, nu este uman. Este caracteristic celor care dansează fără partener. Este comun celor care se închină demonilor și minciunilor. Adevărul este că sunt cel mai mare amant al propriei vieți. Mi-am jurat să am grijă de ea până la capăt. Mi-am tatuat asta pe brațe cu un text de-al meu. Un text de aducere-aminte. O amintire despre mime. Despre noi.

*

Ador să fac dragoste. Nu pot evita să simt asta. E ceva mai puternic decât mine. Nu este o dependență, ci o încântare. De fiecare dată. De parcă ar fi singura și ultima oară. Îmi place să mă dăruiesc. Ador să primesc. Ador să domin și să văd renăscând. Respir imaginație și fantezie în atingerea trupurilor. Inventez sărutări și mângâieri adunând laolaltă toată nebunia pasiunii. Ador să fac dragoste. Ador să mă pierd cu prima atingere a degetelor, cu întâia investiție a buzelor. Sunt al tău. Fă din mine ce vrei tu, dar fără a înceta să fii a mea. Ador să posed pe cearșafuri imaculate. Ador să fac dragoste.

*

Îmi place să-mi las viața să curgă în propria ei direcție. Nu o abandonez. Nu o las niciodată în urmă. O observ mereu și rămân atent. Atenția este secretul. Nu voi ști să simt fără să fiu atent la ceea ce îmi trece prin piept. Simt și accept. Accept și sunt recunoscător. Recunoștința este singurul mod în care trebuie să merg mai departe, fără teamă de ceea ce va urma. Nu există fericire fără recunoștință. Spun adevărul când afirm că trăiesc de ceva vreme fără teamă. A fi aici este o binecuvântare. Știu că sunt poet, pentru că într-o zi mi-am permis să simt. Scriu doar ceea ce simt. Doar atât. Dacă într-o zi mă voi opri din scris, va fi pentru că voi fi încetat să mai simt. Sau poate chiar voi fi murit. Nu știu. Nu mă interesează. Dar vreau să simt până îmi frig pielea. Niciodată să nu mă opresc înainte.

*

Sunt dureri care sângerează doar atunci când încetezi să mai fii erou. Nu mai contează prea mult cine ne-a dat lovitura, ci mai mult cine ne-a lăsat să sângerăm până ne-am golit de viață. Există o anume stare inertă atunci când suntem răniți de moarte, de parcă amintirea sabiei sau a glonțului care a intrat în carne ne-ar lăsa fără a putea opune rezistență. Mâinile

108

țin rana strânsă și căldura sângelui atinge degetele cu un semn prevestitor de moarte. Ochii caută albastrul cerului și sondează infinitul timpului în căutarea îngerilor și a luminilor. Cu toate acestea, nimic nu se schimbă în afară de culoarea lucrurilor. Întunericul începe să se așeze în jurul nostru și parcă simțim primul sărut al diavolului pe față. Dintr-un motiv pe care nu îl înțelegem niciodată decât atunci când suntem acolo, credem că vom vedea pe cei plecați înaintea noastră și ne simțim triști pentru cei pe care îi lăsăm în urmă. Dar nu ne este de nici un folos. Călătoria de întoarcere a preluat conducerea.

*

Sensibilitatea homosexualilor mă fascinează. Este diferită de cea a femeilor, nu pentru că este mai evidentă, ci pentru că mare parte din ce simt ei este greu de descris în cuvinte. Îmi place zâmbetul homosexualilor, nu pentru că ar fi mai frumos, ci pentru că ceea ce pare puțin este uneori atât de mult. Mă impresionează bunătatea în limbajul lor. Parcă ar fi anunțul unui drum de parcurs, dar în același timp deja cunoscut. Poate că nu toți oamenii împărtășesc ceea ce scriu aici, dar nici măcar dragostea nu este unanimă. Pe unii, îi face să sufere, pe alții, să zâmbească.

*

Lasă. Lasă să se întâmple. Lasă să-ți lase urme adânci. Lasă să te facă să te oprești. Lasă să te facă să simți acea strângere în piept. Lasă să doară. Lasă să te facă să urli. Lasă să te reducă la tăcere. Lasă să te facă să-ți schimbi drumul. Dar lasă, pentru că dacă nu o faci, vei rămâne blocat în ceea ce e deja trecut. Fii din lumea aceasta. Înțelege ce te rănește în tăcere și în moduri pe care nu le-ai imaginat vreodată, ascultă tot ce te cheamă, mergi singur dacă nu ai companie, crezi în ce vrei, iubește așa cum știi, dar lasă să se întâmple. Nu fugi. Nu-ți fie frică. Lasă. Lasă să se întâmple. Lasă să te marcheze, pentru că doar așa vei putea înțelege din ce motiv, de atâta timp, ai senzația că viața ta s-a oprit. Lasă să se întâmple pentru ca să nu mai pui oprelişte la ceea ce trebuie să ți se întâmple. Lasă. Chiar lasă. Lasă să se întâmple.

*

Nimeni nu mă poate face să devin mai bun, mai rău sau diferit. Nimeni nu mă poate schimba. Nimeni nu poate face nimic pentru mine dacă nu vreau eu mai întâi. Ceea ce oricine îmi poate oferi este libertatea de a alege ceea ce simt că face parte din mine. Viața mea începe acolo unde controlul se termină. Zâmbetul meu îmi descurajează tristețea. Simt doar absența a ceea ce cred în mod eronat că este al meu. Libertatea mea este scrisă doar cu cuvinte de dragoste. Pasiunea mea este formată din adevăr și spontaneitate în părți egale. Ceea ce e evident, mă lasă pierdut în multe privințe. Am nevoie să simt viața curgându-mi prin vene în timp ce-i merg în întâmpinare. Poate părea ridicol, dar viața mea nu se mai măsoară la minut. Nu se măsoară deloc, pentru că harul nu se măsoară niciodată.

*

Nu trebuie să fiu perfect. Îmi este suficient să îmi placă imperfecțiunile mele și să accept călătoria pe care mi-o aduc. Sunt cine sunt și îmi place cine am devenit. Refuz să mă încadrez într-un anume tipar sau să devin o copie. Îmi place să-mi poetizez viața, pentru că cred că orice poezia are pasiune, chiar și cea care vorbește despre tristețe și moarte. Știu să vorbesc cu entuziasm. Am învățat atunci când mi-am permis să simt cine sunt eu și cine sunt ceilalți. Ceea ce este minunat se află întotdeauna în interiorul fiecăruia dintre noi, niciodată în afară. De asemenea, am descoperit că iubirea există în bucuria de a nu o căuta. Ci doar de a aștepta cu răbdare ceea ce nu

110

aştept. Sau să merg acolo unde nu sunt aşteptat, dar unde sunt fericiţi ori de câte ori ajung.

*

Realitatea îi sperie doar pe cei care nu ştiu ce au de făcut aici. A nu avea un sens în viaţă este lipsit de sens. Dacă nu ştii încă ce vrei, călătoreşte. Călătoria are întotdeauna farmecul unei formule magice. Călătoreşte şi cunoaşte persoane noi. Ascultă-le de parcă nu ai mai auzit pe nimeni până acum. Râzi cu ele. Lasă-le să capete sens. Permite-le să-ţi împărtăşească ascunzişurile sufletelor şi să te lase să le simţi energiile. Primeşte tot acest necunoscut care ţi se dezvăluie, ca pe o parte din tine. Bea din paharul lor. Sărută-le pe cele care îţi trezesc dorinţe. Fă dragoste şi îndrăzneşte să fii persoana senzuală aşa cum nu ai fost niciodată cu nimeni. Dăruieşte-te. Trezeşte-te. Visează. Promite că te vei întoarce, chiar dacă ştii că s-ar putea să nu te mai întorci niciodată. Viaţa e făcută şi din toate acestea. Şi din mult mai mult.

*

Ceea ce am nevoie, nimeni nu-mi poate da. Doar atunci când judec din perspectiva lipsei, mă aştept să primesc de la alţii ceea ce simt că am nevoie. Dacă nu primesc, mă voi plânge şi voi cere să mi se dea. Dacă nu mi se va da, voi avea de suferit, pentru că aşteptările mele nu se îndeplinesc. Adevărul este că nimic din ceea ce vine din afară nu va elimina golul emoţional pe care-l port în piept. Soluţia este să fiu eu însumi, fără restricţii sau frici, fără să dau vreo importanţă părerii celorlalţi despre mine, fără să mă tem că voi rămâne singur sau neînţeles. Doar atunci când mă voi accepta aşa cum sunt, voi putea să mă iubesc prin respectul pe care îl simt pentru mine, în alegerile pe care le fac. Abia atunci voi înceta să mai am nevoie de ceilalţi

111

şi mă voi dărui fără să aştept nimic în schimb. Oricând vreau eu. De câte ori vreau eu. Fără teamă că mă voi risipi.

*

Amintirea tatălui meu şi cea a fratelui îmi vin în minte de parcă ar fi amândoi încă în viaţă. Îmi amintesc zâmbetele şi cuvintele lor, chipul lor şi felul în care mergeau. Îmi amintesc foarte clar ultimele lor zile. Nu-mi face rău. Mă face să regândesc tot ce m-a marcat în legătură cu ei în timpul cât au fost prin preajmă. Mă face să trăiesc emoţii care mi se nasc din nou în piept, încă incapabil fiind să vorbesc fără tristeţe. Fiecare dintre ei a făcut propriile alegeri. Fiecare dintre ei a desenat hărţi dar nu a găsit niciodată calea către comoara lui. Poate că o vor face într-o viaţă viitoare sau în alt loc din ceruri.

*

Am învăţat să trăiesc cu ceea ce am. Am devenit mai atent la detalii. Am înţeles importanţa fiecărui cuvânt în momentul în care e rostit. Nu-mi mai ţin adevărul ferecat cu lacăte. Sunt unii oameni care încep să ştie secretul pentru a ajunge la el. Din fericire. A venit deja timpul să avem mai puţină frică.

*

Ceea ce mă eliberează cel mai mult este faptul că nu vreau să ştiu ce urmează să se întâmple. Când vine momentul, sunt acolo şi gata. Îmi cunosc capacitatea de a trăi tot ceea ce atrag. Prin urmare, am atras. Pentru că sunt capabil să fac faţă. Sunt capabil. Chiar dacă sunt liniştit. Chiar dacă plâng. Sau râd. Sunt o barcă mică cu o chilă de oţel. O pasăre mică, cu un cioc înfricoşător de ascuţit. Un vis despre viaţă. Un zâmbet de bucurie. Mereu sunt aşa. În confortul de a adormi pe canapea şi

de a mă trezi în miezul nopții cu televizorul încă aprins pentru
filmul pe care l-am ratat. În tihna de a scrie ceea ce tăcerea îmi
dictează. În moleșeala de după iubirea împlinită. În puterea de
a simți tot ceea ce are sens doar pentru mine. În aura de lumină
a lunii care intră prin fereastra deschisă a dormitorului meu și
mă trezește. Ca un sărut. Al tău.

*

Înțeleg pe cineva care se supără pe mine. Îi înțeleg
durerea. Îi înțeleg furia. Știu că problema nu sunt eu, ci ceea ce
îl face să simtă despre sine. Dacă îmi permite, îl rog să-mi
spună despre durerea sa. Dacă nu fuge, îl pun să stea lângă mine
și îl rog să-mi spună despre rana lui. Îl las să se întristeze și
să-și îndrepte atenția către propria inimă. Vreau să se simtă și
să uite de mine. Nu sunt eu cel responsabil. Eu sunt doar cel
care îți amintește de durere. Cel care îți permite să te vindeci.
Într-o complicitate de suflete. De o altă parte a suferinței.
Într-o dragoste inexplicabilă. Inexplicabilă, așa cum este natura
tuturor iubirilor.

*

Mă îndrăgostesc ușor de felul în care sunt tratat. Nu o
pot ascunde. Sunt pătruns din tălpi până-n creștet. De la piele
până în măduva oaselor. Dar nu cer mare lucru. Doar să-mi
înfioreze sufletul cu ceea ce îmi fac. Să-mi pătrundă până în
inimă într-o fracțiune de secundă. Ca o săgeată trasă de departe
cu măiestria lui Cupidon sau a lui Făt-Frumos. Nu o neg, nici
n-aș putea s-o neg. Am nevoie de afecțiune. Nu de la oricine.
Doar de la cei care mă cunosc îndeajuns de bine. De la cei care
cunosc motivul multora dintre ridurile mele. Al multora dintre
rănile mele. De la cei care știu ce mă face să plâng sau să
zâmbesc când scriu. De la iubirile pe care nu am vrut să le
păstrez în cutii de carton ca pe-o dovadă a ceea ce am trăit

113

cândva. Primesc afecțiune doar de la cei care nu-mi amintesc de existența suferinței pentru a justifica o îmbrățișare. Nu. Refuz să fiu bietul de el. Prefer să mi se arunce în față vorbe tăioase, să-mi învârtă cuțitul în rană. Cel puțin mor în tăcere. Fără să pot vorbi despre ceea ce am atâta nevoie să primesc.

*

Nu trebuie să întreb pe nimeni ca să găsesc răspuns la cele mai grele întrebări ale mele. E îndeajuns să închid ochii și să-mi ascult latura mea cea mai liberă. Adevărul este că am încetat de mult să cred în ceea ce e prea evident, în ceea ce susține majoritatea sau în ceea ce ni se spune că ar fi cel mai bine și mai corect. Îmi place să-l ascult pe sărac, pe rebel, pe singuratic, pe păcătos, pe nebun. Multe din ce aflu în ei, coincid. Ca un ADN sau ca o culoare care îi definește și în care găsesc asemănări. Toți aceștia cred într-o lume diferită, mai dreaptă, mai fericită. Ei afirmă că suntem aici invitați fără petrecere. Profesori fără școală. Îi înțeleg. Latura mea cea mai liberă îmi spune același lucru. Îmi cere același lucru. Îmi cere să apăr ideile în care cred. Îmi spune că adevărul meu este singurul care contează pentru mine. Îmi șoptește să mă îndrept în direcția inimii mele. Fără frică. Ca un nor pe cer. Cu tot ceea ce sunt.

*

Mulți ani mi-a fost frică să iubesc pentru că îmi era frică să nu sufăr. Adevărul este că încă nu eram pregătit să înțeleg că suferința nu are nicio legătură cu iubirea, ci cu toate așteptările pe care i le punem în cârcă. Imaginația noastră crește în funcție de nevoile noastre și niciodată în funcție de ceea ce simțim. Când simțim dragoste adevărată, nu cerem nimic. Zâmbim doar pentru că zâmbetul este cel mai bun mod de a arăta ceea ce simțim. Dimpotrivă, atunci când credem că trăim

114

o iubire despre care nici măcar nu ştim că nu este iubire, vrem să primim de la ea ceea ce nu ne putem oferi noi înşine. Astăzi ştiu că iubirea nu înseamnă suferinţă. Astăzi ştiu că iubirea este doar sentiment. Să simt şi să zâmbesc pentru ceea ce simt. Să împărtăşesc cu persoana de alături ceea ce tocmai am realizat că o face şi pe ea să zâmbească.

*

O dată cu vârsta am ajuns să stăpânesc arta momentului potrivit. Am ajuns să nu-mi mai fie frică să nu cumva să vorbesc prea devreme sau prea târziu. Am început să simt timpul potrivit pentru fiecare lucru într-un mod atât de clar, încât uneori mă trezesc că-mi pun la îndoială lipsa de îndoială. Cuvintele şi-au câştigat propria lor mecanică, iar atitudinile s-au aliat cu spontaneitatea unui teanc de cărţi de joc când îl împarţi sau a unui metronom care o ia înainte. Pot face ca să se întâmple totul şi fiecare lucru în momentul şi în locurile cele mai neaşteptate. Este aproape un talent, fără ca totuşi să fie. Este mai mult o înclinaţie. Dorinţa arzătoare să fiu eu însumi. Permisiunea de a spune şi de a gândi ceea ce doresc despre oricine doresc, nu ca o judecată, ci ca o formă mai adâncă de respect. Un fel de diferenţă dobândită din convingeri. O viaţă cu mult înainte de orice moarte. O voinţă făcută cutezanţă. Nici mai mult, nici mai puţin.

*

Îmi plac oamenii care mă fac să încalc reguli pe care nu credeam să le încalc vreodată. Îmi place liniştea orizontului înainte de a ajunge soarele acolo. Îmi place simplitatea de a uita să gândesc. Îmi plac amintirile pe care ştiu că voi ajunge să le repet. Îmi place genul acela de dor care mă face să zâmbesc şi să închid ochii. Îmi place de tine pentru că nu mă văd să-mi mai placă de altcineva. Îmi place de cine mă minte doar cu adevărul.

115

Îmi plac visurile în mijlocul furtunilor. Îmi place tot ceea ce începe cu zâmbete și muzică. Și mai presus de toate, îmi place să îmi placă tot ce îmi place, pentru că atunci când îmi place, îmi place foarte mult, îmi place mult de tot.

*

Într-o zi, nu voi mai fi aici. Într-o zi, voi fi amintiri și tăceri. Într-o zi voi fi emoții și hârtii împrăștiate pe jos. Într-o zi voi fi un cântec sau o poezie. Astăzi, sunt libertate. Azi, sunt nebun. Astăzi, sunt o viață și o poveste. Astăzi, sunt pasiune. Astăzi, nu sunt încă ceea ce voi fi într-o zi. La naiba, când voi ajunge acolo, voi zâmbi și voi zbura printre stele și gânduri. Dacă nimic din toate acestea nu este adevărat, voi fi cel puțin nimic. Într-o perspectivă de recunoștință, nimic este totul.

*

Sunt un poet care nu se hrănește cu utopii, ci cu incertitudini și riscuri, ceea ce înseamnă poate, cu alte cuvinte, același lucru. Ce naiba, eu nu accept o viață mediocră pentru mine. Vreau să dau ceea ce am venit aici să dau, ca să primesc ceea ce a ales viața să-mi ofere. Vreau să fac imposibilul ca să trăiesc fără teamă de limite și să nu cedez condiționărilor prestabilite. Urăsc obligațiile fără sens sau regulile fără nicio logică. Am fost făcut să fiu liber, chiar și în absența libertății. Zică-se ce s-ar zice, dar eu unul nu concept să trăiesc decât îndrăgostit de ceea ce fac și ce cred.

*

S-ar putea chiar să par prea puțin romantic, dar nu vreau să îmbătrânesc cu cineva cu care să merg de mână, să avem aceleași obiceiuri și preferințe, să ne placă aceleași filme și cărți, să ne culcăm mereu la aceeași oră și niciodată separat,

116

să luăm masa în fiecare duminică la acelaşi restaurant, să întâlnim aceiaşi prieteni în fiecare seară şi în weekend. Vreau să trăiesc cu cineva care mă face să zâmbesc în o mie şi una de moduri diferite, care mă ia de la masă în mijlocul cinei doar pentru a mă săruta, care nu-mi doreşte niciodată atenţia, ci mai degrabă capacitatea mea de a avea încredere, care mă salvează în fiecare zi de rutină şi mă lasă să o duc fără frică în mijlocul a tot ce se întâmplă în jurul nostru, care nu mă face să anticipez ce o să spună sau ce gândeşte de fiecare dată când se uită la mine, care poartă haine colorate şi râde mult din orice şi din nimic, care să bea un pahar bun de vin roşu fără să se gândească că-i va face rău la ceva. Dacă îmbătrânesc cu cineva lângă mine, nu vreau pe cineva care să mă facă să mă simt bătrân. Îmi doresc pe cineva care să mă dorească alături cu aceeaşi intensitate ca una dintre acele iubiri scurte despre care se crede că vor dura o viaţă.

*

Chiar dacă nu ştiu prea bine ce-i iubirea, nu vreau să repet ceea ce credeam a fi iubire. Cred că pentru a iubi cu adevărat pe cineva, trebuie mai presus de toate să creez ceva nou în mine. Nu voi şti niciodată prea bine ce, pentru că depinde de dragostea pe care o trăiesc. Ştiu că există multe feluri de iubire. Pe cele pe care le prefer, le pot trăi doar o dată. Nu e important să fie o mare iubire. Doar să fie iubire. Simplă cum sunt eu. Care să mă facă să închid ochii fără să plâng. Să-mi aşeze un zâmbet în priviri.

*

Ceea ce iubesc cel mai mult la o relaţie este atunci când, de fapt, nu este o relaţie. Ceea ce îmi doresc cel mai mult într-o relaţie nu există în aceasta. Adevărul este că nu vreau să trăiesc o relaţie şi nici măcar într-o relaţie. Ceea ce vreau

117

transcende scopul întregii relații. Ceea ce caut probabil nu are nicio legătură cu dragostea. Probabil că nici măcar nu va fi dragoste. Nu știu. Pălăvrăgeală goală. Când o voi simți, voi ști. Când voi înțelege, voi rămâne. Sunt sigur de asta. De asta nu am nicio îndoială.

*

Momentul meu este când vreau eu. Am pierdut prea mult timp în trecut cu neputința mea de a întoarce spatele și de a spune celorlalți ce vreau și ce nu vreau. Am tolerat intolerabilul. Am îndurat insuportabilul. Am învățat că ceea ce mi se întâmplă are foarte mult de-a face cu ceea ce decid să fac cu timpul meu. Îmi place să-l conduc. Să zâmbesc cu el. Deja nu mai e nevoie să găsesc scuze ca să stau cu el. Stau. Îl îmbrățișez. Fac dragoste cu el dacă trebuie. Îl las să fie singur în liniște cu mine. Fac cu el ce vreau, pentru că e al meu. Nu este al nimănui altcuiva. Decât dacă vreau eu.

*

Am înțeles cu mult timp în urmă că pentru mine nu poate exista decât un singur mod de a face lucrurile. Cel care are de-a face cu mine. Doar atât. Nu mai există altul. Dacă fac altfel, mereu pierd. Sufăr. Mă abat de la calea mea inițială. Aflu ce nu trebuia să aflu acum. Găsesc pe cine nu ar trebui să găsesc în acest moment. Mă opresc acolo unde nu trebuia să mă opresc. Și totul se schimbă. Totul este cu susul în jos. Nu mă recunosc. Nu mă simt bine în pielea mea. Vreau să fug, dar nu știu cum să o fac. Recurg la ceea ce nu ar trebui să recurg. Mor în strigătul înăbușit al celui care am devenit. Sper într-o minune. Aștept un înger. Un zeu. Și uit că nimic nu se întâmplă fără mine. Nimic nu se schimbă dacă chiar nu vreau. Fără frică. Fără ocolișuri. Ca un cântec. Până la sfârșit. Până când orchestra tace.

118

*

Am oameni foarte speciali în viața mea. Ceea ce îi distinge de alții este faptul că nu vor să știe despre mine. Ei nu întreabă nimic. Doar mă ascultă. Îmi respectă nebunia. Trăiesc și fără ea, dacă vor. Nu cer nimic de la mine. Nu mă critică. Sunt acolo doar dacă trec pe aproape. Dacă îi chem. Mă îmbrățișează cu cuvintele lor. Cu parfumul lor. Mă salvează de mine însumi. Și eu de ei. Precum oracolele. Ca frații. Mai mult. Ca părți din ceea ce suntem, fără să ne luăm nimic unii altora. Prieteni de-o viață. Copii ai aceluiași Dumnezeu. Locuitori ai aceluiași pământ.

*

Iubesc toate femeile pentru tot ce mă învață despre mine. Cu ele, feminitatea mea capătă culoare. Sensibilitatea mea se simte mai prezentă ca niciodată. Devin și mai mult cine sunt cu adevărat. Adesea mă simt la fel de femeie ca și ele. De fapt, îmi asum bărbatul care sunt în femeia care mi se arată că sălășluiește în mine. Le iubesc, de parcă iubirea ar fi înainte de toate zâmbet. Sunt cine sunt pentru că ele sunt cine sunt. Părți din mine. Tăceri în zgomotul meu exterior. Iubiri de o viață.

*

Nu mai cred într-un singur sens al lucrurilor. Logica din toate există doar din voința ca totul să fie așa cum ne dorim să fie. Dacă nu este, spunem că nu are logică. Nu trebuia să se întâmple așa. Logica este exact ceea ce ne dorim mai puțin. Acolo unde există logică, nu există transformare. Ceea ce este logic nu aduce cu sine nimic nou. În schimbare constă sensul și cu ea începe aventura vieții. Cine nu se schimbă, nu trăiește. A dori să stai în același loc este același lucru cu a insista ca un ecou să se repete. E ca o restricție. O moarte. Doar schimbarea

119

inspiră viața. A mea. A ta. A cuiva care vrea să trăiască ca și
cum n-ar muri niciodată.

*

Se spune că nu poți trăi fără explicații. Prefer să nu am
explicații pentru a trăi.

*

Cea mai mare complicitate o am cu copiii mei. Dacă
există ceva cu adevărat frumos, e ceea ce există în ei. Sunt
arhitectura mea cea mai reușită. Sunt cuvintele mele scrise cel
mai bine. Nu trebuie să fie pronunțate cu voce tare pentru a
prinde sens. Se citesc zâmbind, în tăcere. Cu toate acestea,
suntem cu toții vorbăreți și veseli din fire. Râdem mult în timp
ce vorbim unul cu celălalt. Râdem mult, pentru că și râsul este
tot iubire. Râdem mult, pentru că din asta e făcută complicitatea
noastră. Nu putea fi altfel. Să iubești pe cineva cu râsete este
una dintre cele mai bune modalități de a-i sărbători dragostea.

*

Îmi dau seama că gândesc din ce în ce mai puțin. Îmi
dau seama că nu mă mai îngrijorez ca înainte. Am încredere din
ce în ce mai multă în viață. Predau fără ezitare ceea ce încă nu
știu să înțeleg. Nu mai vreau să știu nimic despre ce urmează.
Urmez întotdeauna ceea ce simt, fără să-mi doresc altceva decât
să simt. Acum nu mai caut scuze, nici nu mă plâng de ceea ce
mă oprește sau mă grăbește. Am ajuns să cred în mine într-un
mod în care nu credeam vreodată că o pot face. Am învățat să
trăiesc mai bine cu mine însumi, chiar în ciuda celorlalți. Am
devenit cine mi-am imaginat mereu că sunt. Nu vreau nimic
mai mult decât ceea ce port cu mine. Știu suficient încât să
trăiesc mereu cu un zâmbet în priviri. Ce-o fi mâine, om vedea.

                                  *

Sunt un om cu multe pasiuni. Totul mă atinge, dar nu totul mă acaparează. Am o latură neastâmpărată care mă calmează, pentru că dacă n-aș avea-o, mi-aș petrece tot timpul sufocându-mă de plictiseală. Pun pasiune în tot ceea ce simt, în tot ceea ce mă face să zâmbesc cu ochii. Oricine vrea, mă poate cunoaște într-o clipă. Nu caut nimic mai mult decât ceea ce îmi aduce viață, prin alegerile mele. Sunt foarte ușor de înțeles, dar în același timp și foarte greu de surprins. Am văzut multe și din toate. Am trăit multe zile dintr-o viață intensă. Nu am timp de discuții fără sens și de lingușiri și vorbe goale. Mă topesc după adevăr și doar provocarea de a atinge ce e cel mai puțin posibil, mă face să visez.

                                  *

Fă-ți o favoare. Rezervă acum o călătorie. Indiferent către ce destinație. Important este să te duci. Pune două-trei haine într-un rucsac și pleacă. Dacă vrei să iei pe cineva cu tine, ia pe cineva care te face să zâmbești. O călătorie fără zâmbete este ca o noapte nedormită. Pare că nu se termină niciodată și totul îți pare mai rău decât este în realitate. Dacă dorești, alege destinația. Dacă nu, urmează zâmbetul celor care îți zâmbesc. Până la urmă, nici nu-i așa de importantă călătoria. Important este că ai ales să călătorești. Nimic mai mult.

                                  *

Vreau să te trezesc cu un sărut între sâni, să-ți dau fiori și să văd cum deschizi ochii cu un zâmbet leneș, dintre cearșafurile trase până sub bărbie. Vreau să te provoc să ieșim și să călătorim cu geamurile deschise, cu vântul bătându-ne în față și ciufulindu-ne părul, insistent și dezordonat. Vreau să te duc la plajă și să ne scăldăm goi în marea învolburată, liberi de orice prejudecăți și rușine, sărind și lovind cu picioarele valurile. Vreau să te întind pe nisipul umed și să fac dragoste cu tine, să te posed și să-ți permit să mă posezi așa cum o sirenă își posedă marinarul, într-o aclamație de sunete pe care doar noi le putem auzi, magice. Vreau să ne întoarcem la sfârșitul dimineții cu bucăți de dragoste încă lipite de trupurile noastre, semne ale pasiunii care ne-a tatuat câte un zâmbet pe chip, și să te văd zburând cu ochii și cu brațele deschise deasupra mașinii, ca un vultur într-un vis. Știi că vreau mult mai mult de la noi, dar nu am de gând să scriu aici. De la acest punct înainte, tot ce vreau îți voi șopti numai ție, la ureche. Nu ca un secret, ci ca o mărturisire. Firesc. Doar a noastră. Singuri. Ca întotdeauna.

*

Știu că, dacă vreau ceva ce nu am visat niciodată, trebuie să fac lucruri pe care nu am visat niciodată să le fac. Fiecare vis are sens doar dacă încetează să mai fie doar un vis. Toate fricile trebuie lăsate în urmă. Toate minciunile trebuie ucise de adevăr. Un vis este vis doar dacă mă face să plec de unde sunt, dacă mă duce acolo unde vreau să fiu. Visarea înseamnă mai mult decât ceea ce fac eu acum. Înseamnă să pornesc fără să stau prea mult pe gânduri. Înseamnă să zbor chiar mai sus decât am crezut vreodată că aș reuși. Înseamnă să ies din tăcere și să zâmbesc din nou. Să schimb lumea. Să nu mai vreau niciodată să rămân la fel.

*

Sunt un om al multor momente. Nu cred în ceea ce este pentru totdeauna. Știu că totul se schimbă. Nimic nu rămâne la fel. Sunt un om fără teama de a rămâne fără cuvinte. Am învățat să creez altele noi. Mi-am câștigat scrisul prin mine însumi. Nu datorez nimănui nimic. Eu nu urmez modelul nimănui. Asemănările există doar în afara inimii mele. Înăuntru, sunt eu.

Doar eu. Un om fără frică de frică. Un om care nu se explică. Unul care permite să fie simțit doar acelora care au suficientă sensibilitate pentru a-l simți. Dincolo de pielea sa. De privirea sa. În locul în care se întâlnesc iubirea și lipsa ei. Nimic mai mult.

*

Nu am răbdare pentru cei care-mi spun că nu au timp. De fapt, ceea ce-mi spun este că nu au niciun interes să aibă timp. Dacă ne uităm cu atenție, timpul nu există. Este o creație abstractă pentru a ne cere scuze că avem sau nu interes în a face ceva. Instabilitatea timpului este o necesitate pentru noi pentru a justifica viața pe care o ducem. A spune că nu ne ajunge timpul, a vorbi despre faptul că mai este timp destul, a ne plânge că nu găsim timp, a vorbi despre timp în lift, sunt toate modalități permise de a mă plânge că nu am timp pentru mine. Cu toate acestea, adevărul este cu totul altul. Când ne dorim, timpul se extinde, se revarsă, apare, există, chiar aleargă. Când vrem, reușim să avem timp chiar înainte de a veni timpul.

*

Nu mă mai grăbesc să fiu într-un anume fel. Ca să spun drept, nu vreau să fiu altceva decât eu însumi, oricine aș deveni de acum înainte. Am prea multă încredere în viață ca să iau în considerare posibilitatea ca ea să mă trădeze. Știu că mă iubește. O cunosc suficient de bine încât să înțeleg că îmi oferă tot ce am nevoie pentru a o iubi în continuare. Sunt momente când ceea ce primesc de la ea mă face să mă opresc și să cad în genunchi. Chiar să și plâng. Chiar și atunci, pot înțelege dragostea ei pentru mine. Înțeleg felul în care mă face să sufăr ca să mă respect și mai mult. Bineînțeles, vorbim aceeași limbă. Limbajul respectului pentru libertatea fiecăruia. Limbajul îndrăgostiților fără secrete.

123

*

Sper mereu să înțeleg ceea ce simt. Nu vreau să mă imaginez pierdut în mijlocul sentimentelor mele. Nu pot concepe să ratez să simt vreunul. E suficientă o distragere a mea și întreaga mea viață se poate schimba. Vreau să simt totul până când sufletul mă orbește. Vreau să simt totul până trec dincolo de conștiință. Îmi doresc să simt totul intens, încât să nu aflu întoarcere din lumea sentimentelor. Mai presus de toate, îmi doresc foarte mult să mă simt. Să mă simt până în ziua morții mele. Mai mult. Chiar și până mai târziu. Acolo unde se spune că a simți înseamnă a iubi.

*

Indiferent de ce are să se întâmplă, să mă învăluie și pe mine. Dacă este dragoste, să o simt. Dacă este durere, s-o trăiesc. Dacă e dor, să mă facă să zâmbesc. Dacă e teamă, s-o înțeleg. Dacă e nebunie, să-i găsesc leacul. Dacă este o călătorie, să mă ducă unde nu am fost niciodată. Dacă e un vis, să nu mă mai trezesc. Dacă este tristețe, să găsesc cuvintele care să mă scuture de ea. Dacă este o petrecere, spune-mi cine este sărbătoritul. Dacă e ispită, să știu să mă las ispitit. Dacă este moartea mea, să fiu din nou un înger.

*

Am învățat să trăiesc așa cum nimeni altcineva nu mai știe să trăiască. Am învățat să trăiesc în felul meu. Farmecul de a trăi așa constă în a înțelege că numai singur eu pot trăi în felul meu. Nimeni nu o poate face pentru mine. Nici măcar cineva pe care am ajuns să iubesc sau pentru care am simțit până la urmă dragoste. Viața este a mea și doar eu o înțeleg ca atare. Nu o dau nimănui. Permit câtorva persoane să intre și să se descalțe. Pe altele le las să stea pe canapeaua mea și să bea din vinul meu. Unora le permit să se întindă în patul meu şi să stea până dimineaţa. Dar nu permit nimănui să-mi ia zâmbetul sau să schimbe felul în care îmi trăiesc viaţa, felul în care îmi adăpostesc îngerii şi mă îndrăgostesc de poveşti şi de muzică. Nu las pe niciuna dintre aceste persoane să mă înveţe ce am de spus sau să-mi dea timpul peste cap. Am devenit un singuratic căruia nu-i este frică să-şi piardă singurătatea. O împărtăşesc doar. Dar numai acelora care vor să zâmbească cu mine în secret.

*

Am obiceiul să mă trezesc şi să deschid ferestrele casei, pentru ca acel curent de aer care se formează să-mi aducă prima rafală de viaţă înainte de duş. Nu fac asta imediat, pentru că mai întâi mă aşez pe pat, cu jaluzelele încă trase, şi îi mulţumesc vieţii pentru unele lucruri care se întâmplă în propria viaţă. Apoi mă las să cad pe spate pe pat şi îmi întind fiecare muşchi şi oscior până când simt că sunt ca numerotate şi din nou la locul lor. Mă trezesc mereu zâmbind, pentru că îmi place să mă trezesc şi să reiau ziua de unde am lăsat-o cu o seară înainte. Sunt gesturi pe care nu le consider obiceiuri, ci mai degrabă ritualuri pentru a mă onora. Apa de la duş îmi cade călduţă, aproape rece, în creştet şi, în sfârşit, reuşesc să mai deschid puţin ochii. Prima imagine pe care o am este despre goliciunea mea. A doua este reflectarea zâmbetului meu pe plăcile ude.

*

Sunt despărţiri care îmi lasă un zâmbet pe buze. Ştiu că trebuie să dau drumul celor care trebuie să plece, dar există despărţiri care par plecări în călătorie. Se poate spune că cine pleacă, pleacă cu o parte din mine, dar sunt unele plecări care eliberează o parte din cine nu mai sunt. Există un timp pentru sosiri şi un timp pentru plecări. Mie personal, îmi place de cine

125

nu mai este preocupat de un viitor dincolo de momentele pe care le are alături de mine. Pot chiar să par dur, dar viața m-a învățat că rămân doar cu cine vreau și nimeni nu mă poate obliga să fiu o umbră sub soare.

*

Te știu aproape. Te simt în mine ca o parte de neînlocuit din cel ce sunt. Trebuie că râzi acum de nebuniile mele, tu care le-ai cenzurat atât de mult și care astăzi trebuie că le înțelegi și mai puțin. Nu băga în seamă. Sunt fericit în propria mea fericire. Sunt fericit cu ce am păstrat din tine. Crede-mă, e mai mult decât am crezut vreodată că va fi. Mă surprind înțelegând multe din ceea ce nu înțelegeam despre tine înainte. Nu te-am înțeles sau nu ai știut să te faci înțeles. Tăcerea era adesea strigătul nostru. Acum nu mai contează. Astăzi, îți vorbesc fără să te văd și te ascult într-un fel cu totul diferit. Nu mai ești doar tatăl meu. Ești și partea din mine cea mai apropiată de viață și de moarte.

*

Monotonia și obligațiile mă omoară. Am nevoie de mări înspumate și ceruri misterioase, pasiuni nebune și iubiri care să nu fie iubiri. Am nevoie de săruturi sub apă și împreunări divine, de vinuri peste paisprezece grade și conversații până târziu în noapte, tăceri fără zgomote și șemineuri aprinse. Am nevoie de trupuri goale pe paturi dișternute, de lacrimi de bucurie, de dimineți cu capul greu și amintiri despre limba mea explorând piele. Am nevoie de excursii fără hărți sau busolă, de cărți pentru a-mi ușura singurătatea, de hohote zgomotoase de râs și de un toast pentru viață. Am nevoie de lucruri pe care să nu trebuiască să le uit. M-am săturat să-mi amintesc de ceea ce nu era menit să rămână cu mine.

126

Să nu-ți dorești să te simți iubit pentru a te putea accepta pe tine însuți. Să nu-ți dorești să simți iubirea celorlalți pentru a simți că exiști. Nu mai crede că iubirea este singura cale către drumul tău. Încetează să-ți mai dorești iubire de parcă numai iubirea ar exista. Viața este prea frumoasă pentru a te supune doar iubirii. Privește mai întâi tot ce vine înaintea dragostei, pentru că înainte de iubire vine înțelegerea că nu ai nevoie de nimic dincolo de ceea ce trăiești. Poate asta este deja dragoste. Nu știu și nici nu vreau să știu. Vreau doar să trăiesc zâmbind.

Cea mai mare intimitate cu mine însumi se petrece în tristețe. Fragilitatea conectează în mine ceea ce aproape nimic altceva n-o poate face. Mă face să pun totul la îndoială. Mă face să reevaluez ceea ce mi se întâmplă și tot ceea ce nu mi s-a întâmplat încă. Când sunt trist, îmi respect tristețea. Știu că doar dacă o respect o voi putea înțelege. Altfel, voi regreta-o și voi vrea să o neg. Voi zâmbi fără să știu să zâmbesc. Voi schimba tristețea cu mila pentru mine însumi. Mă voi închide în inima mea și nu voi lăsa pe nimeni altcineva să intre. Voi crede că fericirea poate exista fără tristețe. Mă voi minți singur ca să nu mă gândesc la adevăr. Între cine am fost și cine sunt, voi pierde pe cel care nu mi-am dat voie vreodată să fiu.

Viața este o călătorie de care nimeni nu poate fugi. Unii aleg să-i vadă latura grea, de suferință, acele momente în care nimic nu este așa cum își doresc ei să fie, un timp mai aproape de suferință decât de moarte. Alții trec prin ea aproape fără să fie văzuți sau inconștienți că nu pot fi văzuți. Nu au nicio amintire despre aproape nimic. Nu ajung niciodată să știe cine sunt sau cine și-ar dori să fie, pur și simplu pentru că trăiesc într-un amestec de umbre, doliu și lipsă de visuri. Și mai sunt și alții, ca mine, pentru care viața este un zâmbet larg, o multitudine de posibilități, o sumă de lucruri și iar lucruri de descoperit. O aventură fără sfârșit. Un loc din care nu mai vrei să pleci și nici să-l pierzi din vedere.

*

Să pot conversa cu o femeie, cu un pahar de vin în mână, este una dintre plăcerile de care mă pot lipsi cel mai puțin. Îmi place letargia pe care alcoolul o aduce conversației. Parcă devenim filozofi ai zâmbetului și ai cuvintelor. Luăm înghițituri mici la finalul fiecărei runde de râsete și în tăcerea privirilor atente. Ne umplem unul altuia paharele fără să cerem voie să facem asta, ca și cum ar fi fost stabilit un cod tacit încă de la început. Important este ca discuția să găsească teritorii comune și locuri de intimitate. O conversație cu un pahar de vin în mână dezinhibă și creează senzația că se moare mai încet. Dacă aș putea avea de ales, aș vrea să mor cu gustul sărutărilor și al vinului în gură.

*

Îmi place să-mi fie dor de tine, să-mi amintesc zâmbetul tău, să-ți pronunț numele spre cer, ca să nu fiu singurul care îl aude. Ceva din tine a fost întotdeauna al meu, chiar și atunci când nici măcar eu nu știam cine sunt. Mereu te recunosc un pic mai mult de fiecare dată când te simt aproape de mine, de fiecare dată când te îmbrățișez într-o îmbrățișare mai lungă, de fiecare dată când te sărut într-un sărut doar pe buze, și alteori, când te privesc cu o privire fără sfârșit, când te ating cu o atingere care te înfioarează și-ți smulge un geamăt de anticipare. Cântărind bine lucrurile, nici nu se putea altfel. Ai

128

fost singura persoană care nu mi-a spus niciun cuvânt şi care a reuşit să mă facă să scriu mai multe despre dragoste, capete în nori şi despre îngeri.

*

Astăzi ştiu că mă pot reinventa în fiecare zi. Astăzi ştiu că nu este niciun rău să mă schimb şi schimbarea mea să scuture vieţile altora. Astăzi ştiu că nu este o problemă ca alegerile mele să pună capăt planurilor pe care alţii le au pentru mine. Astăzi ştiu că oamenii învaţă deodată cu mine, în ciuda faptului că eu sunt cel care ia iniţiativa schimbării. Astăzi ştiu că nimănui nu-i place să piardă nimic, dar mai ştiu şi că pierderile le aduc posibilitatea de a începe să se respecte pentru ceea ce nu au pierdut niciodată. Astăzi ştiu că dacă nu mă mai gândesc la mine ca să mă gândesc doar la alţii, mă voi distra mai puţin şi voi suferi mai mult. Astăzi ştiu că trebuie să-mi las viaţa să curgă, pentru că durerea apare ori de câte ori decid să controlez totul şi pe toţi. Astăzi ştiu. Ştiu tot ce sunt.

*

În interiorul meu există mai multe femei. Iubesc şi devin nebun prin ele. Mă pierd şi sunt fericit. Mă rănesc şi mă vindec. Râd şi plâng. Îndrăznesc şi dau dovezi de iubire. Adevărul este că puţini sunt bărbaţii care au curajul să proclame ceea ce simt în cele patru zări. Sunt doar aceia care îşi acceptă latura feminină. Să faci acest lucru înseamnă să te ştii pe tine însuţi bărbat din cap până-n picioare. Înseamnă să te ştii un bărbat capabil să atingă stelele pentru o femeie. Şi înseamnă să vezi dincolo de masculinitatea ta. Înseamnă să te simţi femeie dar să continui să ai suflet de bărbat. Să fii rai fără să-ţi iei mâinile de pe pământ.

*

De la o vreme încoace am încetat să mă mai rog. Mi-am dat seama într-o zi că nici măcar nu eram atent la ceea ce spuneam. Aruncam spre cer o rugăciune învățată pe dinafară, la fel cum îi turuiam tabla înmulțirii profesorului din școala primară, într-o cadență monotonă care amintea de un metronom așezat pe un pian cu coadă. Și nimic altceva. Rugăciunea devenise o formulă rostită repetat, aproape ca o superstiție sau doar un fel de exorcizare, cu rezultate îndoielnice. Într-o zi, mi-am dat seama că îmi place mai mult să vorbesc, să-i pun întrebări lui Dumnezeu, fără să știu care ar fi răspunsurile sau tăcerea lui, să-mi descarc sufletul cuiva despre care să cred că este acolo cu mine, că înțelege ce-i spun fără a fi nevoie să dovedesc nimic. Într-o zi, am înțeles că zeul meu nu doar că era al meu, ci era al meu oricând voiam.

*

Nu mi-e teamă să mor singur. Cred chiar că e de preferat. Cred că plecarea ar trebui să fie un act solitar, o întâlnire senină cu acel moment în care inima încetează să mai vorbească și sufletul se desprinde de corp. Singurătatea nu mă sperie, pentru că mă am pe mine. Nu știu dacă voi muri acasă, într-un spital, sub apă, într-un accident, pierdut într-o pădure sau în brațele mele. Ceea ce știu este că vreau să mor fără să-mi rămână ceva netrăit.

*

Știu că sunt cuvinte care dor mai mult decât un pumn în față. Cunosc tăceri mai reci decât ghețarii. Știu oameni care se încăpățânează să nu pună culoare în viața lor, în ciuda faptului că au la îndemână o paletă cu toate culorile cunoscute. Eu nu înțeleg destul de multe lucruri, dar vreau să continui să înțeleg ce mi-e dat să înțeleg. Nu știu cât de departe voi merge. Poate într-o zi voi putea să apăr o ideologie sau o cauză, sau să-mi cumpăr o căsuță la munte și să trăiesc din scris. Sau poate voi găsi chiar dragostea, oricare ar fi aceasta.

*

Cu excepția copiilor, iubești întotdeauna pe cineva pe care nu ai crezut că vei iubi vreodată. Dacă nu ar fi așa, momentul și persoana ar fi alese în același mod în care se aleg fructele într-un supermarket sau cărțile într-o bibliotecă. Iubirea a fost întotdeauna și va rămâne întotdeauna un secret până în momentul în care i se permite să fie dezvăluită. Nu există coduri de bare sau numere de fișiere. Nu o poți prevedea, așa cum nu poți să prevezi un cataclism sau nu o poți studia ca pe o plantă. A iubi este un lucru bizar, fără juriu sau martori. Este o orbire congenitală și fără leac. Pentru mulți este un rău și pentru alții, mai puțin rău. Dar, din fericire, pentru unii este o binecuvântare. Doar aceia pot iubi pe cineva la fel cum își iubesc copiii, fără acea idee stupidă că a compara iubirile le ia din esență. Dimpotrivă. Cel puțin, le face unice. Una mai frumoasă decât alta.

*

Predictibilitatea o plictisește pe femeia care vrea să fie fericită, pentru că ea știe că fericirea nu se împacă cu ceea ce e previzibil. Femeia este provocare, schimbare, iureș și, deși poate susține contrariul, o face doar când nu are parte de toate acestea. Fiecare femeie este o sirenă din adâncurile mării, o chemare și o ispită, plăsmuită din profunzimi și taine. Când nu este așa, suferă, se complace, încearcă să fie fericită pe dinafară. Nu există nimic care să facă o femeie mai nefericită decât absența imposibilului și a lucrurilor lipsite de sens. Are asta în sânge. O umple de pasiune. Dacă vrei să ucizi o femeie, dă-i o obligație inutilă și fă-o să apere o minciună.

131

*

Viaţa mea este perfectă, dacă nu, ar fi altfel. Cred că tot ceea ce trăiesc acum este ce e mai bine pentru mine, chiar dacă, poate, mă face să sufăr. Motivul este că acum viaţa mă face să trăiesc tot ce am nevoie pentru a-mi îmbunătăţi relaţia cu mine, pentru a-mi cunoaşte atitudinea faţă de orice îmi vine în cale. Nu are rost să opun rezistenţă sau să nu fiu de acord. Ceea ce trebuie să fac este să las emoţiile şi sentimentele să-mi umple pieptul şi să mă facă să zâmbesc sau să plâng, să tac sau să ţip, să mă întristez sau să cânt. Adevărul este că nu mai fug de ceea ce simt. Am înţeles că a simţi înseamnă a trăi ceea ce îmi este destinat. Mi-am dat seama că a simţi este singura modalitate de a-mi îndeplini misiunea aici jos, foarte aproape de cerul meu.

*

Am o inimă care bate în ritmul meu şi în cadenţă cu ceea ce sunt. Aproape că se opreşte când mă neg. Rezistă când plâng şi strig în tăcerea durerii mele. Sângerează ori de câte ori o ignor. Nu-mi pune niciodată întrebări pentru că ştie toate răspunsurile. Se linişteşte când mă simte zâmbind pe dinăuntru. Vibrează când mă îndrăgostesc. Visează când mă vede dansând. Nu bate niciodată din obişnuinţă, pentru că asta ar însemna să fie lipsită de viaţă. Se hrăneşte cu iubire. Doar iubire. Ca o inimă care nu are nevoie de sânge pentru a trăi. Doar de iubire. Doar de iubirea ta.

*

Îmi place să mă opresc şi să simt emoţia. Majoritatea trăirilor pe care le simt nu pot fi descrise în cuvinte. E ceva prea intim. E prea al meu. Scriu mult din ceea ce simt, dar sunt fragmente pe care le păstrez pentru mine. Nu sunt secrete, nici măcar reţineri. Ele sunt părţi din ceea ce sunt eu. Semne de naştere ascunse sub piele. Emoţii despre care nu vorbesc pentru că las tăcerea să fie aliatul meu. Dar eu zâmbesc, pentru că toate emoţiile mă fac să zâmbesc. Chiar şi cele care dor. Chiar şi cele care aduc suferinţă. Zâmbesc, pentru că ştiu că ele sunt cele pe care trebuie să le experimentez pentru a mă întâlni puţin mai mult cu mine. Acum. Nu mai târziu. Niciodată mai târziu.

*

Uneori eşti trist şi nu reuşeşti să ieşi din această stare. Tristeţea intră în tine pur şi simplu pentru că nu poţi înţelege şi experimenta o anumită situaţie. Nu-ţi face griji. Uneori trebuie să fii trist doar pentru a simţi tristeţea, pentru că ea te face să înţelegi că şi tu trebuie să experimentezi imposibilitatea de a schimba ceva în viaţa ta atunci când vrei, chiar în acel moment. A fi trist este şi bine, pentru că te face mai sensibil faţă de tine însuţi. Trăieşte-ţi durerea, chiar fără să ştii prea bine adevăratul motiv al tristeţii tale. Dă-ţi voie în mod conştient să fii trist. Acceptă că ţi-e dat ca în acest moment să fii trist. Nu lupta cu tristeţea ta. Trăieşte-o, mai degrabă, fără să te gândeşti cum vei ieşi din ea. Trăieşte-o, pur şi simplu, pentru că viaţa vrea să te facă s-o simţi. Plângi dacă crezi că trebuie să plângi. Fie-ţi milă de tine, dacă vrei să-ţi fie milă, dar nu fugi de tristeţea ta. Las-o o vreme în pieptul tău ca să o poţi cunoaşte. Las-o să doară până când durerea începe să se înmoaie. Las-o să plece puţin câte puţin, făcând loc unei seninătăţi anume, acel gen de seninătate pe care doar acceptarea tristeţii ţi-o dă, acel gen de seninătate care precedă mereu sosirea primului zâmbet.

*

Pentru a ajunge unde sunt, a trebuit să renunţ la ceea ce mă consuma, să las în urmă ceea ce-mi crea confuzie sau mă întârzia, să evit locurile şi oamenii care mă făceau să-mi plec capul fără să pot plânge, să nu-mi fie frică să simt curaj dar în

133

același timp să și vreau să fug, să nu-mi mai fie teamă să înfrunt toată nebunia mea de a trăi, să fac din reziliență zâmbetul meu și din ispită cea mai mare nevoie. Pentru a ajunge unde sunt, am început să îmi doresc să merg mai des în raiul meu, să-l îmbrățișez pe Dumnezeul meu fără a avea nevoie să-i simt brațele, să privesc în jos și să mă îndrăgostesc de ceea ce văd, să înțeleg că există diferite adevăruri și că a le accepta înseamnă să fac loc și adevărului meu, să-mi dau voie să accept fericirea fără să-mi fie teamă că o voi pierde și să nu-mi pierd niciodată capacitatea de a râde fără a fi nevoie să mă prefac. Ca să ajung unde am ajuns, mi-am dorit să fiu făcut din iubire. Doar din iubire. Să fiu iubire.

*

E timpul să-mi odihnesc latura de războinic și să las să înalțe aripi latura mea de poet. Sunt lucruri despre care înțeleg că încă vor dura. Mai sunt și altele cu care nici nu vreau să mai pierd timpul. Adevărul este că abia aștept să mă bucur de fiecare moment pe care mi-l oferă viața, chiar și atunci când știu că sunt momente de răbdare și reenergizare în același timp. Am înțeles de mult că primesc de la viață tot ce am nevoie pentru a merge mai departe. Trebuie doar să fiu atent, să accept că nu controlez nimic și să nu uit că am mereu puterea de a alege ceea ce vreau. Uneori sunt decizii grele, dar răspunsurile vin de îndată ce-mi întreb inima. Nu mai am multe de spus, decât că port în mine un războinic care trebuie să-și refacă puterile și un poet care tânjește să zboare până la capătul cerului.

*

A recunoaște prezența iubirii nu este pentru toată lumea. Ne-o imaginăm așa cum ne dorim și refuzăm să o vedem sub orice altă formă. Iubirea nu poate fi doar un ambalaj al fanteziei noastre personale. Iubirea nu este aproape deloc ceea ce credeam cândva că este. Iubirea înseamnă transcenderea celui mai mare strigăt al inimii. Înseamnă zbor până unde nu am zburat niciodată și de unde nu mai vrem să ne întoarcem. Înseamnă a fi un chiriaș permanent al sufletului. Ea alungă frica doar cu un zâmbet. Răspunde în tăcere fără să asculte nicio întrebare. Iubirea înseamnă să nu mai vrem să așteptăm ceva ce simțim deja în interiorul nostru. Înseamnă să avem certitudinea că vom continua să existăm încă mult dincolo de moartea noastră.

*

Mă simt și mai iubit în momentul în care înțeleg toată dragostea pe care o simt pentru tine. În ea îmi scriu povestea, iar povestea mea devine apoi a ta, nu pentru că o avem pe aceeași, ci pentru că una se naște din cealaltă. A mea a valorat puțin fără a ta, dar a devenit și mai prețioasă fără ea, doar pentru că fără a ta, te caut în a mea și te găsesc și mai mult în a noastră. Întotdeauna am crezut că povestea noastră ar exista fără vreun scop, dar astăzi îmi dau seama că există, mai degrabă, fără să aibă un final. Dar nici măcar nu mă gândesc la asta. Trăiesc povestea noastră de parcă fiecare zi ar fi cea mai bună dintre toate și locuiesc în ea în construirea unei povești și mai mari, nu din acelea care durează în timp, ci din cele pe care timpul le face să dăinuie.

*

Dacă nu încălcăm interdicții, nici măcar dragostea nu ne salvează de noi înșine.

*

Viața mea e un strigăt pătimaș după mai multă viață. Tristețea mea se deschide în interiorul meu și ajunge, invariabil, să mă facă să zâmbesc atunci când o accept. Sensibilitatea mea este întotdeauna prima și singura mea piele. Dragostea mea nu se explică prin cuvinte, ci prin durata pauzei dintre fiecare zâmbet pe care îl schițez când te revăd. Frica mea este întotdeauna mai mare când mă gândesc la ea. Îmi place să merg înainte fără să mă gândesc prea mult. Îmi place doar să simt ceea ce-mi cucerește pieptul cu fiecare pas pe care îl fac. Nu sunt din cei care-și fac planuri sau urmăresc vreun traseu, nici măcar în muzee sau palate. Eu sunt mereu cel care întoarce spatele ghidului și se furișează în grădini sau în camerele cu ușile închise. Neprevăzutul îmi întărește bucuria de a trăi. Dă-mi aripi acolo unde am, încă, doar brațe.

*

În numele visurilor mele, am deschis căi și am închis disperări, am intrat în alte lumi și am prins să-mi doresc lucruri despre care doar eu știam că există, m-am întors fără să fi vrut să plec și am transformat utopii în pasiuni, am ucis cu cuvinte și am făcut să renască cu sărutări, m-am recunoscut și iarăși m-am dat uitării, m-am ambiționat și am pierdut, nu am căutat și am găsit, am plecat în alte locuri și am luat locuri cu mine, am plecat în rai și mă întorc acolo din când în când, am dat flori și am luat altele acasă, am adormit prea devreme și m-am trezit prea târziu, am călătorit fără bani și m-am trezit cu soarele dimineții pe față, am murit fără să închid ochii și am trăit mult mai mult decât am crezut vreodată. Visele mele sunt ca un suflet tatuat. Fiecare linie este un desen al unei întâlniri la momentul potrivit. Fiecare însemn este o parte din mine pe care am transformat-o în ceva special pentru totdeauna. Fiecare spațiu în alb este o poezie de scris. Un cântec încă necompus. Un alibi fără nicio crimă.

Sunt nebun, pur şi simplu doar pentru că am încredere şi fac totul pentru a trăi într-o lume diferită. Nu critic, nici nu mă plâng. Eu construiesc. Nu fug şi nu mă înşel. Înfrunt. Nu inventez, nici nu impun. Trăiesc. Nebunia mea este suficientă pentru a mă face să trăiesc fără teamă. Dacă dintr-un motiv oarecare nu funcţionează, încerc în altă parte sau în alt moment. Dacă există un lucru în care cred, este multitudinea de oportunităţi. După una vine mereu alta. Dacă nu-i aşa, fac tot ce-mi stă în putere ca să zbor. De acolo de sus, totul este diferit.

*

A fost o vreme în care nu mă îndrăgosteam foarte uşor. Astăzi, mă îndrăgostesc mult mai lesne. Cred că am devenit copilul care nu am fost niciodată. Totul mă încântă şi mă lasă uimit. De parcă e întotdeauna prima dată când văd lucrurile, sau că le simt diferit chiar şi a suta oară. Cred că am dobândit capacitatea de a vedea în lucruri ceea ce nu puteam vedea înainte. Ştiu că m-am schimbat mult. Am învăţat limbajul îngerilor şi cel al demonilor. Acum nu-mi mai este frică de oameni şi de moarte. Am început să zâmbesc mai mult şi fără rezerve. M-am vindecat de ceea ce nu mai trebuia să rămână cu mine. M-am eliberat de viitor. M-am întors să visez şi să mă uit la cer. Am înţeles că ceea ce e dat să fie cu mine, vine mereu spre mine şi că important este să merg pe urmele iubirii fără ca, totuşi, să o caut. Trebuie doar s-o simt când mi se strecoară în inimă, ca atunci să mă opresc din a pune întrebări care n-au niciodată nevoie de răspunsuri.

*

Cred în iubiri eterne, din cele care călătoresc dintr-o viaţă în altă viaţă fără să se uite, din cele care se recunosc fără să se fi văzut vreodată, din cele care fac sufletul să-ți pară că nu-ți mai încape în inimă, din cele care dau cuvântului dor înțeles de regăsire, din cele care-ți fac ochii să zâmbească de uimire și bucurie, din cele în care dragostea nu încetează să crească. Cred în iubirile eterne, cele care transformă viața până la punctul de a nu mai fi niciodată la fel, care-i cheamă pe aceia care au așteptat mereu să fie chemați, acelea care îți amintesc de poveștile niciodată spuse, cele care te fac să simți din nou ceea ce ai simțit cândva demult, cele pentru care distanța moare o dată cu ideea de apropiere, cele pentru care viața nu este altceva decât același răspuns la toate întrebările.

*

Următoarea dată când decizi să fii singur, gândește-te doar la tine. Dedică-ți acel moment pentru a-ți permite să intri în interiorul tău. Simte unde te afli cu adevărat și rămâi acolo. Deschide-ți inima către ceea ce simți. Nu-ți fie frică. Tu ești, cel de care ai fugit de atâta vreme. Deschide-ți și mai mult inima pentru a te primi pe tine însuți. Bine ai venit. Alintă-te. Nu-ți fie teamă de această fragilitate pe care o simți. Face parte din ceea ce ești și din ceea ce trăiești. Nu mai fugi. Lasă-te să rămâi în starea aceasta. Lucrurile nu trebuie să fie importante pentru a merita atenția ta. E nevoie doar să fie ale tale.

*

Să dezbrac o femeie mă face să mă simt și mai mult al ei. Să-i scot hainele, una câte una, mă face să simt ca și cum, dacă-i dezgolesc trupul, ar deveni a mea. Uneori e îndeajuns să mă dezbrac, să mă întind lângă ea pe pat și să închidem amândoi ochii. Intimitatea nu constă întotdeauna în împlinirea dorinței, ci pur și simplu în a adormi unul lângă altul, mână-n mână, într-un spațiu de timp egal cu cel care precedă sărutul. Îmi place să mă mulez în jurul corpului ei feminin ca o pisică

138

adormită, să-i ating ca din întâmplare umerii cu buzele pe măsură ce mă apropii de ea, să-i simt şoldurile lipite de coapsele mele, să mă pierd în parfumul ei şi în respiraţia ei. Intimitatea nu este întotdeauna ceea ce te aştepţi să fie. Întotdeauna este mai mult decât se poate spera.

*

Nu-mi place să vorbesc despre trecutul meu cu cineva cu care vreau să creez un nou prezent. A retrăi trecutul pentru a justifica orice ar fi, înseamnă a scuza ceva care nu trebuie să fie scuzat. Cred în amintiri noi, zâmbete şi cuvinte diferite, simţiri cu un nou sens. Vreau săruturi care să nu semene cu vreun altul. Vreau mese în doi, încărcate cu emoţii şi locuri în care să mă aud spunând ceea ce nu am spus niciodată nimănui. Am nevoie de gânduri diferite pentru a trăi o viaţă diferită. Vreau o lumină mai strălucitoare în mijlocul umbrelor mele obişnuite. Vreau să vă spun cine sunt şi nu cine am fost. Vreau să vă spun ce simt şi nu ce am simţit. M-am săturat de poveşti despre poveşti. M-am săturat de minciuni în mijlocul adevărurilor. Trebuie să plagiez fericirea de unde nu a ieşit niciodată. Din mine.

*

Am trăit iubiri ce mi-au lăsat cicatrici pe care niciun chirurg nu a reuşit să le mascheze. Am luptat prea mult pentru lucruri în care nu credeam. Am renunţat când nu voiam decât să mă opresc doar ca să mă odihnesc. Am ţipat până am rămas fără cuvinte. Am făcut dragoste fără a fi dragoste, pentru că aveam atât de mult nevoie să simt dragoste. Am explicat lucruri pe care nici măcar eu nu le-am înţeles. Am fost atât de speriat încât frica m-a făcut să plâng fără să vărs lacrimi. A trebuit să mor ca să rămân în viaţă şi a fost minunat să accept că a trebuit să mă distrug pentru a învia din nou. Viaţa are în ea şi astfel de

139

lucruri. E nevoie să mori, tocmai pentru că uneori chiar vrei cu tot dinadinsul să trăieşti din nou.

*

Viaţa se scrie doar cu adevăruri. Minciunile întârzie timpul fiecărui lucru, împiedicând ca totul să fie ceea ce ar trebui să fie. Prin minciună se doreşte să se controleze ceea ce nu a fost şi nu va fi niciodată al nostru, se doreşte a se îngrădi ceea ce se vrea a fi liber. Se minte pentru a se putea face faţă la ceea ce nu se poate accepta. Se minte pentru a se crea adevăruri false. Se minte, pentru că este mai uşor să minţi decât să suferi privind realitatea. Adevărul este că cei care-i mint pe alţii, se mint mai ales pe ei înşişi. Nu are cum să nu fie aşa. Este ca o cădere, fără înger păzitor.

*

Îmi place să trăiesc ca şi cum ziua de mâine nu ar fi o posibilitate. Îmi place să mă ţin cu dinţii de intuiţie şi s-o descifrez fără să întreb nimic. Nu mai vreau răspunsuri. Vreau să trăiesc fără întrebări. Am învăţat să aştept fără să mă aştept la nimic. Să rămân singur pentru a simţi ceea ce rămâne. Şi ce pleacă. Mi-am dat seama că toate instrucţiunile de care am nevoie sunt în inima mea. Am înţeles ca eu sunt cel care alege ce mă îmbrăţişează sau mă strânge. Aşa. Ca o rază de soare pe spate. Încălzindu-mi sufletul sau permiţându-i să mă ardă.

*

Ştiu că nu sunt ceea ce mulţi se aşteaptă să fiu, dar nu am aspiraţii să fiu nimic din ceea ce nu vreau să fiu. Nu mai vreau să fac pe plac nimănui, nici să mă schimb pentru nimeni. Nu am devenit intransigent, dar sunt lucruri la care nu mai renunţ. Să nu doriţi să devin cine nu sunt, pentru că fug imediat.

Fug, nu pentru că mi-e frică, ci pentru că mă simt violat în latura mea cea mai intimă. Îmi este greu să fac față geloziei și manipulării emoționale. Cine vrea să mă schimbe, de fapt nu mă respectă. Oricine mă vrea altfel, nu se vrea pe el însuși. Vrea doar să se valideze prin mine.

*

Îmi place să mulțumesc cerului pentru tot ceea ce mi-e dat aici jos. Știu că nu totul este suferință. Cunosc de multă vreme latura recunoscătoare a vieții, existența unor lecții care îmi fac sufletul și ochii să zâmbească. Întotdeauna îmi place să primesc ceea ce primesc, pentru că înțeleg că merit tot ce mi se dă. Am înțeles deja că nu ar trebui să mă judec pentru ceea ce vine spre mine. A venit pentru că a sosit momentul să-mi dau voie să mă cunosc mai bine prin felul în care mă comport într-o astfel de situație. Viața este o binecuvântare. Cât timp nu o văd așa, durerea va fi însemnul meu. Și asta nu vreau. Mai degrabă prefer să ridic degetul mijlociu în direcția mea și să mă trimit la naiba. Cu siguranță ar durea mai puțin. Cu siguranță voi zâmbi cu mai multă ușurință.

*

Ideea de insuficiență este o prostie. Nimic nu este insuficient. Totul este necesar pentru a face următorul pas în direcția pe care o dorim. Problema apare pentru că rareori suntem mulțumiți de ceea ce avem. Ne dorim întotdeauna mai mult din ceea ce nici nu avem sau nu știm. Insuficiența ne pune într-o permanentă tulburare interioară. Insuficiența ne îndepărtează de noi înșine, de compania tăcerii noastre. Frica de a fi mai puțini decât suntem cu adevărat ne face diferiți de ceea ce am ajuns să fim. Important este să înțelegem că nu tot ce vine spre noi este ceea ce ne dorim, dar este întotdeauna ceea ce avem nevoie pentru a îmbunătăți relația pe care o avem cu

141

noi înşine. Acesta este unul dintre marile secrete ale vieţii. Cei care nu acceptă asta, trăiesc în insuficienţă şi habar nu au ce înseamnă să fii fericit. Nici măcar cum este să fii recunoscător.

*

Nu-s ca toţi oamenii. Îmi plac mai mult oamenii nebuni decât cei normali. Vibrez o dată cu cele mai nebuneşti lucruri, care mă fac să merg mai departe decât am fost vreodată. Îmi place să urc fără să ştiu dacă voi reuşi să cobor, să explorez locuri, eliberat de frica de a mă rătăci, să cred că am la îndemână totul pentru a le trăi pe toate, să călătoresc cu oameni dornici să trăiască la fel ca mine, îmi plac oamenii care zâmbesc în ciuda lacrimilor care le curg pe faţă, oamenii care plâng de bucurie când fac dragoste, oamenii care nu vor să ştie nimic din ce nu are nicio legătură cu ei. Îmi place să fiu numit nebun, egoist, narcisist, egocentrist, arogant, seducător, un impostor, un fals guru, pentru că mă face să zâmbesc, nu din pricina ridicolului evident al acuzaţiilor, ci înţelegând că multă lume ar vrea să fie acolo unde sunt eu. Nu spun asta din falsă modestie. Spun asta pentru că ceea ce am criticat şi am înjurat în trecut a fost întotdeauna ceea ce mi-am dorit cel mai mult pentru mine. Când nu era aşa, zâmbeam, ţineam gura închisă şi-mi urmam calea.

*

Ce mă fascinează cel mai mult la o femeie este capacitatea ei de a mă simţi dincolo de ceea ce vede. Îmi place să mă lase liber, să nu-i fie frică să mă piardă. Îmi place să mă facă să-i simt sufletul prin fiorii ce mi-i provoacă. Sunt un bărbat simplu. Îi simt frumuseţea prin felul în care mă priveşte şi-mi dezvăluie culoarea inimii sale. Eu întreg sunt tandreţe. Totul în mine este intensitate. Nimic nu-mi face plăcere mai

mare decât o mână peste o altă mână. O mângâiere fără timp.
Aşa. Fără nimic mai mult. Într-o profeţie despre aproape totul.

*

Tot ceea ce înveţi se validează doar atunci când predai
mai departe. Adevărul tău este doar adevărul tău şi al nimănui
altcuiva. Schimbările tale te extind o dată cu spiritul tău. Doar
ceea ce iubeşti te face ceea ce eşti. Fericirea este o atitudine
care nu te ia niciodată prin surprindere, dar care te surprinde de
fiecare dată când o simţi. Orice emoţie este, de asemenea, o
trăire. Orice rugăciune e o voinţă. Orice clipă face parte din
eternitate. Orice vis ce moare e din întâmplare. Eu sunt dorul
după cei care-mi lipsesc.

*

Îmi plac zilele în care îmi păstrez zâmbetul tot timpul,
când nimic şi nimeni nu mi-l poate lua, mai ales acel zâmbet
care îmi face ochii să strălucească, cel care îmi umple pieptul
cu un dor nestăvilit să trăiesc, să împărtăşesc, să dansez, să
cânt, să merg mai departe, să mă aventurez acolo unde nimeni
altcineva nu se aventurează, să compun un cântec şi să scriu
poezia care-mi stă de multă vreme pe vârful limbii, să-mi aud
sunetul paşilor când traversez străzile oraşului meu, să-mi ud
papucii în valurile de la ţărmul mării, să mă învârt până mă las
să cad ameţit pe nisipul plajei, să sun pe cineva pe care n-am
sunat de ani de zile, să merg unde mă duc picioarele, fără
destinaţie şi direcţie, ca un pescăruş în voia vântului cald acolo
sus, unde zborul trebuie să fie ca iubirea. Îmi plac zilele în care
zâmbesc tot aşa cum iubesc. Fără să înţeleg nimic. Doar trăind
iubirea.

*

143

Nicio schimbare nu este uşoară, iar cele care sunt făcute cu inima sunt întotdeauna cele mai grele. Dificultatea este să-ţi oferi în sfârşit ceea ce ai ştiut întotdeauna că era pentru tine. Pare un nonsens, dar întotdeauna opui multă rezistenţă în a accepta să fii fericit. Chiar îţi doreşti să fii, dar îţi este mult mai frică de suferinţa că nu reuşeşti. Să alegi calea inimii este un act de curaj. Aproape nimeni nu o face. Trebuie să cunoşti limbajul cutezanţei. E nevoie ca să nu încetezi niciodată să-ţi doreşti.

*

Sunt durere fără rană, lacrimă fără colţ de ochi. Am murit şi am renăscut fără să uit de unde am venit. Sunt un războinic în mijlocul bătăliei mele. Vreau înlăuntrul meu doar ceea ce mă face să zâmbesc. Am amintiri tatuate pe partea cea mai minunată a inimii mele. Nu le voi mai uita. Fac parte din ceea ce am devenit. Fac parte din ceea ce continui să devin.

*

O gură nu-i decât o gură până când nu-i sărutată. Sărutul o transformă, o face reală, îi oferă intimitatea unui secret dezvăluit. Îmi place să sărut o gură care mi se oferă puţin câte puţin. Nu mi-a plăcut niciodată una care mi se dă imediat. Îmi plac săruturile mai lente decât tensiunea dorinţei, acelea în care buzele simt ceea ce restul corpului trezeşte. Întotdeauna sărutul mă ispiteşte cel mai mult. Alipirea buzelor şi prima atingere a limbii îmi risipeşte teama de începuturi ori de imoralitate. Pentru o clipă, eu pe de-a-ntregul sunt păcat şi generozitate. De-mi va fi îngăduit, voi vrea să mor trăind un sărut.

*

Învață să mergi înaintea timpului și nu împiedica ceea ce știi că trebuie să se întâmple. Urmează-ți intuiția și nu te îndoi niciodată de ceea ce simți. Ai încredere în dualitatea vieții. Nu lăsa deoparte latura ta spirituală pentru a nu pierde din semnificațiile laturii tale emoționale. Îndrăgostește-te de magia eternului și bucură-te de simplitatea fiecărui moment. Angajează-te în misiunea ta și atribuie-ți rezultatul fiecărei alegeri. Nu uita niciodată că tot ceea ce faci are întotdeauna o consecință. Nu-ți reprima pasiunile pentru ca să nu te blochezi în frica de a nu mai iubi niciodată. Trăiește în acum pentru a putea primi adevărata inspirație ca să fii cine ești. Trăiește provocarea de a vedea doar ce este bun în fiecare persoană și de a acționa în acord cu binele tău. Coboară-ți conștiința în inimă și vezi totul și prin ochii celorlalți. Nu-ți fie frică să pierzi sau să nu ai pe cineva, pentru că nimeni nu aparține nimănui. Și crede în cea mai mare minune în care poți crede, pentru că acesta poate veni doar din tine.

*

Adevărul stigmatizat este putred. Să crezi din frică înseamnă să ai interesul de a rămâne viu în mijlocul atâtora care pretind că trăiesc. A afirma același lucru pe care îl susține majoritatea, înseamnă să vrei să fii acceptat, aproape întotdeauna din cauză că nu ai propria părere. Să spună ceea ce gândesc nu e pentru toți. A avea o idee diferită și contrară de a majorității înseamnă a deveni ținta preferată a frustrării și a invidiei acelora care falsifică zâmbetele și susțin în gura mare că sunt imparțiali și corecți. A îndrăzni să arăți cu degetul este din ce în ce mai mult un act de curaj, făcut de tot mai puțini. Se întâmplă tot mai mult ca oamenii să vrea să fie oameni, dar uită ce înseamnă cu adevărat să fii om. Ei nu-și amintesc că a fi om înseamnă, în primul rând, să fii liber și să nu-ți fie frică de părerea celorlalți. Se pare că nu vor să accepte că a fi om înseamnă până și a apăra ceea ce apără diavolul fără să se teamă

de ce vor spune îngerii. Adevărul este că a fi om, nu e pentru
mulți. E doar pentru cei care îngenunchează fără teamă că nu
știu să se roage.

*

Refuz să fiu normal. Normalitatea îmi anulează
posibilitatea de a fi uriaș cu mine însumi. Doar idioții vor să fie
normali. Doar cei care duc prea multă frică în ei refuză să iasă
din turmă. Se pare că există un anumit cult al normalității, un
fel de ser al previzibilității, care diluează sângele și-i ia puterea
care i-ar permite cuiva să îndrăznească să fie diferit. Să spun
drept, normalitatea are ceva de boală cronică, de perfecțiune
otrăvită. Funcționează ca o viză de liberă trecere pentru prostia
de a trăi fără abateri, fără urcușuri sau abisuri. Este absența
totală a nebuniei necesare pentru a face ca fericirea să fie mereu
prezentă. Refuz să fiu normal. Refuz să mor fără să am ochii
deschiși. Îmi doresc mult să văd culorile întregii mele vieți.

*

Nu pot și nici nu vreau să fac pe plac tuturor. De fapt,
nu vreau să fac pe plac nimănui. Să vrei să mulțumești pe
cineva este o utopie. Când vreau să fac pe plac cuiva, inevitabil
nu sunt eu însumi. Nici nu se poate pune problema să fac cuiva
pe plac, ci să-mi placă mie să-i fac pe plac. Cel mai ușor e nici
să nu ne gândim măcar la această diferență. Astfel, vom fi
nevoiți să ne schimbăm perspectiva asupra modului în care cel
mai adesea dăm doar pentru a primi. Mulți neagă astfel de
dovezi, chiar și atunci când se plâng că nu primesc ceea ce
așteaptă de la cineva. E simplu. Să mă gândesc până unde îmi
permit să fac celorlalți pe plac, fără să-mi fac și mie, face toată
diferența. Cu toate acestea, doar cei care se respectă înțeleg
această afirmație. Alții, inevitabil, mă vor judeca. Adoră s-o
facă. Iar pe mine nu mă interesează. Ceea ce contează este

146

adevărul meu și felul în care trăiesc cu el. Cei care judecă sunt doar cei care judecă. Au acest drept. Viața e a lor. Nu-i a mea.

*

Sunt un seducător, chiar și atunci când nu știu asta. Seducția funcționează ca o reflexie a cine am devenit. Ador când realizez că seduc prin scrisul meu. Îmi place să fiu propria mea seducție. Îmi place să mă seduc în felul în care am devenit un seducător. Nu o fac intenționat. Seducția este caracteristică tuturor celor care se simt bine în propria lor piele. Este atât de firesc pentru ei. E mirosul lor. E mirosul meu.

*

Uneori, am nevoie să beau un pahar și să vorbesc cu cineva care să-mi domolească răzvrătirea. Funcționează cam ca un apel de urgență pentru cei care uită cu ușurință de timp, pentru a începe să trăiască încet. Nu vreau să spun cu asta că trăiesc cu viteza de două sute la oră tot timpul. Nici pomeneală. Pur și simplu urmez principiul că nu vreau să merg prea repede, dar nici nu-mi permit să mai pierd timpul. Chiar și așa, din când în când am nevoie de o frână, de o palmă ridicată în semn de stop. Sunt urmaș de oameni vrednici, din cei care s-au trezit și s-au culcat o dată cu soarele, cei ale căror animale au mâncat înainte ca ei înșiși să mănânce. Am moștenit de la ei nevoia de a atinge pământul și a-l strânge în pumni, de a simți apa rece curgând printre degetele calde, de a boteza cu nume comune cele mai frumoase și simple lucruri din viață. De la ei am moștenit și acea dorință de a simți totul de fiecare dată ca și cum ar fi ultima oară, nu din teama de a pierde ceva, ci cu o dorință enormă de a-și aminti fiecare detaliu, fiecare culoare, fiecare denivelare. La fel ca o naștere făcută deopotrivă cu multă durere și cu dragoste. A primului copil. Despre care se spune că doare cel mai mult.

*

Poate ne-am întâmplat înainte de a fi timpul nostru. Poate ne-am grăbit când era de așteptat să avem doar ceea ce aveam. Poate am vrut să ne vedem acolo unde nu eram încă. Poate a fost prea devreme pentru atât de mulți *poate*. A fost ce-a fost și a rămas ce-a rămas. Am crezut în ceva care poate a existat dincolo de noi înșine, acolo unde nu am mers niciodată și nici măcar nu ne-am gândit să ajungem. Am fugit fără a fi nevoie să dispărem. Ne-am rătăcit, pentru că încă nu trebuia să ne fi inventat.

*

Într-o zi, nu voi mai fi aici. Într-o zi, voi fi amintiri și tăceri. Într-o zi, voi fi emoții și hârtii împrăștiate pe jos. Într-o zi voi, fi un cântec sau o poezie. Astăzi, sunt libertate. Azi, sunt nebunie. Astăzi, sunt o viață și o poveste. Astăzi, sunt pasiune. Astăzi, nu sunt încă cine voi deveni într-o zi. La naiba. Când voi ajunge acolo, voi zâmbi și voi zbura printre stele și gânduri. Dacă nimic din toate acestea nu va fi adevărat, voi fi, cel puțin, nimic. Într-o perspectivă de recunoștință, nimic este totul.